그녀 모산댁

그녀 모산댁

초판발행 2022년 11월 30일

지은이 김용삼
펴낸이 신지원
펴낸곳 소소담담
등 록 2015년 10월 7일(제2017-000017호)
주 소 대구광역시 북구 호국로 43길 7-19
전 화 053-953-2112

ISBN 979-11-88323-97-5(03810)

ⓒ 김용삼 2022

* 저자와 출판사의 사전 동의 없는 무단 전재 및 복제를 금합니다.
* 이 책은 2022년 부산광역시, 부산문화재단 '부산문화예술지원사업'으로 지원을 받았습니다.

그녀 모산댁

김용삼 에세이집

• 작가의 말

요즘 인연이란 단어가 나를 괴롭힙니다. 살다 보면 흔하게 대하는 말일진대 나이에 속도가 더할수록 인연은 세포가 분열되듯 여러 갈래로 쪼개져 나를 황망하게 합니다.

인연의 끝은 외로움과 그리움입니다. 어떤 인연의 끈이 끊어지면 먼저 찾아오는 것이 외로움이라는 병입니다. 이미 오래전에 스스로 자른 인연으로 인해 나는 충분히 아파하고 있었습니다. 하지만 이제 나에게 남은 어머니와의 인연의 끝이 눈에 보입니다. 외로움이란 병은 그리움이란 약으로 치유가 가능하다고 하지만 아직 실감하지 못합니다.

제가 늦은 나이에 '수필' 속으로 빠진 이유는 아마 어머니를 보낸 후 외로움과 싸울 준비를 하려는 것 때문인지도 모릅니다. 누구나 마찬가지겠지만 나와 어머니의 인연을 문자로 남겨 외로움을 치유하는 법이 그리움이라는 묘약이라고 소리치고 싶습니다.

제 작품을 모아 한 권의 책으로 출판할 수 있음을 신께 감사드립니다. 그리고 나를 '수필'의 세상으로 인도하여 지금까지 많은 격려와 지도를 해주신 효원수필문학회 정약수 교수님과 문경희 선생님께 특별히 고마움을 전합니다.

2022년 11월
김용삼

• 차례

작가의 말　005

1부
파약破約　011
난청　018
눈깔사탕　025
아버지의 혼불　032
쌀밥전傳　040
속돌　046
산19번지　053

2부
장마　061
뒷모습　067
화투의 꿈　073
잊힐 권리　080
노래처럼 말해요　086
亡魚鶴里메가리神位　093
금金줄을 넘다　100

3부

따배기　*109*

불효자론論　*115*

망부 전 상서　*123*

그녀 모산댁　*130*

속續 그녀 모산댁　*136*

모산댁의 팽나무　*143*

4부

부처님 손바닥　*153*

비상非常을 품다　*160*

김 할매 집 고치기　*167*

〈혼불〉에 넋나가다　*173*

〈향수〉를 찾아서　*181*

【작품론】 수필의 가족서사는 어떻게 표명되는가 이운경　*189*

1부

파약破約

터미널의 아침은 늘 분주하다. 떠나거나 돌아오거나, 사람들은 막 건져 올린 생선처럼 펄떡대는 싱싱함으로 하루를 연다. 삼투압을 하듯, 나는 그들이 선사하는 활기를 연신 안으로 들이며 하루를 시작한다. 2층의 푸드코트, 이곳이 나의 일터다.

주방 직원들이 출근하기 전에 내 몫을 끝내기 위해 소매를 걷어붙인다. 쌀을 안치고, 소스를 끓이고, 반찬을 담고, 단숨에 여러 가지 일을 해치우려면 눈코 뜰 사이가 없다.

매일 같은 일을 해도 매일 처음처럼 정성을 쏟아야 하는 것이 음식장사라, 그때도 여느 때처럼 분주한 와중이었을 게다.

"식사 되나요?"

화들짝 돌아보니, 커다란 캐리어를 잡은 스물 남짓의 청년이었다. 시간이 일러 식사는 곤란하다는 말에 청년의 얼굴엔 난감한 표정이 역력했다. 이 시간에는 터미널 어디에도 허기를 달래주는 곳이 없기 때문이다.

"우동은 가능한데, 해드릴까?"

"네. 그거라도…."

우동 하나가 급하게 청년에게 건네졌다. 그는 게 눈 감추듯 국물까지 깨끗이 비워버렸다. 그제야 한껏 여유로워진 표정으로 결제용 카드를 내밀었다. 아뿔싸, 계산대의 포스를 통해야 카드 결제가 가능한데 거기까지 생각지 못한 참이었다. 지갑 속엔 환전한 달러뿐이라며 청년은 다시 난감해 했다. 그런들 어쩔 것인가. 먼 길 떠나는 사람, 마음이나 편케 해주자 싶었다. 괜찮다고, 여행을 마치고 돌아오면 그때 주어도 된다며 청년을 다독였다. 연신 고개를 조아리며 꼭 다시 오겠단 약속을 남기고 청년은 돌아섰다. 까짓 우동 한 그릇 값이야 받지 않아도 그만이지만 나는 왠지 그 약속을 믿고 싶었다.

그리고 육 개월의 시간이 지났다. 아직 청년은 오지 않고 있다. 오늘처럼 뜬금없이 그를 떠올리기도 하지만, 잊고 지낼 때가 더 많다. 그가 나타나지 않는 한, 약속에 대한 기대치는 점점 낮아질지도 모른다. 하지만 나는 그를 질타하거나 서운함을 읊어댈 수가 없다. 내게도 궂은 날 신경통 도지듯 불쑥불쑥 가슴을 저리게 하는 약속 하나가 있기 때문이다.

'고르디우스의 매듭'(Gordian Knot, 알렉산더 대왕이 칼로 잘랐다고 하는 전설 속의 매듭이다. '대담한 방법을 써야만 풀 수 있는 문제'라는 뜻)이라 하던가. 살다 보면, 사소한 일이 단초가 되어 풀리지 않는 매듭이 생겨버리는 경우가 많다. 예외 없이 우리는 종종 그 매듭에 봉착하게 된다. 그것은 얽히고설킨 인간관계에서 기인하는 경우가 대부분이다. 해결하지 않고서는 단 한 걸음도 내딛을 수 없는 숙제와 같은 매듭. 그것을 풀어내는 해법 또한 저마다 다를 것이다. 한

치 앞도 보이지 않던 상황에서 나는 '고르디우스의 매듭을 단칼에 베어버린 알렉산더 대왕의 묘법'을 택했다.

아내와의 관계는 시작부터 헝클어진 실타래였다. 매순간 풀려는 노력보다 각자의 이기심만 내세웠다. 결국 시간이 흐를수록 실타래는 꼬여만 갔다. 자식이라는 만병통치의 처방전이 생겨 때로는 화해의 손을 잡기도 했지만 그것도 그리 오래 가지 못했다. 욱하는 마음으로 결별이라는 단어를 입에 올릴 때마다 자식이라는 아픈 이름이 발목을 잡곤 했다. 결국 아내와 나는 피차 알렉산더의 칼이 그 매듭을 풀 수 있는 유일한 해법이라는 결론에 다다랐다.

냉랭한 부모의 틈바구니 속에서 아슬아슬한 외줄을 타면서도 딸은 원하는 대학에 합격했다. 부모라는 배가 난항하는 중에도 용케 중심을 잡아 준 아이가 무엇보다 대견스러웠다. 한편으로는 해묵은 매듭을 정리할 수 있겠다는 묘한 홀가분함도 생겼다.

입학을 앞둔 딸아이는, 잠시 혼자만의 여행을 다녀오겠다고 했다. 그간 힘들었을 아이를 생각하면 등을 떠밀어서라도 휴식의 시간을 주고 싶은 것이 내 솔직한 심정이었다.

떠나기 전날, 딸은 나를 밖으로 불러냈다.

"아빠, 한 달만 기다려주실래요? 여행 다녀오면 엄마랑 다시 얘기해요."

앞뒤를 잘라먹은 그 말이 나를 아리게 긋고 갔다. 내색은 하지 않았지만, 이미 부모의 이별을 예감하고 있었음이 분명했다. 우물거리는 내게 재차 못을 박듯 새끼손가락을 불쑥 내밀었다. 애써 담담한 척, 나도 새끼손가락을 걸어 주었다. '꼭'이라는 단서 대신 엄지도장까지 찍고, 빼곡히 눌러 쓴 편지 한 통을 남긴 채 딸은 비행기에 올랐다.

딸이 떠나고, 나는 기다렸다는 듯 짐을 꾸렸다. 그때가 아니면 영원히 기회가 없을 것 같은 조급증 때문이었다. 어쩌면, 딸에게 애비의 등을 보여줄 자신이 없었던 건지도 모른다. 딸애가 대학생이 되면 매듭을 자르기로 했던 아내와의 약속은 어김없이 지켰지만, 결국 딸에겐 몹쓸 애비로 낙인이 찍혀 버렸다.

"지키지 못할 약속은 왜 해요?"

여행에서 돌아온 딸은 전화로 무섭게 다그쳤다. 어설픈 변명 따위는 용납하지 않겠다는 듯 날선 원망을 쏟아놓았다. 이제 자신에게 아버지는 없다는 선언과 함께 야멸치게 전화를 끊어버렸다. 그리고 그 단호했던 선언은 지금까지도 유효하다.

　단절의 강으로 흐른 십수 년. 파약破約의 대가를 치르느라 나는 지금까지 그리움의 언덕에서 시지프의 형벌을 치르고 있는 중이다. 결국 그로 인해 부녀지간에 가로놓인 매듭은 내 생에 가장 난감한 매듭이 된 셈이다.

　나는 어른이 된 딸을 본 적이 없다. 시간을 거슬러 오르며 딸의 얼굴을 그려보지만 내 기억에 조각된 딸은 더이상 자라지 않는 가시선인장 꽃처럼 가슴 아린 열아홉에 멈추어 있을 뿐이다. 대학 새내기의 풋풋함도, 금쪽같은 하루를 쪼개 아르바이트로 학비를 보태야 하는 흙수저의 설움도 살피지 못했다. 대학을 마쳤다고, 아수라 같은 세상에서 애비를 향한 원망의 가시를 털어버릴 여유인들 있었으랴. 든든한 사랑이라도 나타나 애비의 빈자리를 채워주었으면 싶지만, 그마저 닿지 못할 간절한 바람인 것을 어찌하랴.

　결국 갈 사람은 가고 남을 사람은 남는 법인 것을, 무엇이 그리 급해 딸이 그토록 원하던 기회조차 허락하지 못했던지. 부모의 이별이라는 버거운 짐을 지고 세상을 홀로 허덕였을 딸. 할 수만 있다면 그날로 돌아가 다시 한 번 딸과 손가락을 걸고 싶다.

어느새 개점 시간이 가까워 온다. 뻐근한 허리를 펴고 우두둑 관절을 풀어준다. 오늘도 행여나 하고 주위를 둘러본다. 내가 기다림을 접지 않는 한 약속은 아직 진행형이라며 나는 오늘도 그 청년을 기다린다. 지키지 못한 약속이 얼마나 큰 회한의 꼬리표가 되는지를 알기에 그와의 약속은 미완으로 남겨 두고 싶은 것이다.

그날 아침처럼 허기진 배를 움켜쥔 청년이 한 끼 밥을 청해 올 것만 같다. 아니, 그랬으면 좋겠다.

난청

　어느 고독한 여인의 일상을 노래한 '어나더데이Another Day'. 노래 속의 그녀는 늘 꿈의 남자가 나타나기를 기다린다. 나는 그 남자가 매력적인 저음을 가졌으리라 상상한다.
　굵직한 저음은 남자인 내 귀에도 매력적이다. 아마도 여자들은 드러내 놓고 열광할 것이다. 그래서 남성의 저음을 두고, 여자를 유혹하는 소리라 하는지도 모른다.
　성악에서도 테너보다 바리톤이나 베이스 영역이 깊고 굵

은 감동을 끌어낸다. 조수미의 소프라노가 천상의 소리라면 남자의 베이스는 깊고 깊은 동굴을 울리고 나오는 땅의 소리다. 과한 말치장일 테지만, 나를 주창하기보다는 세상을 두루두루 끌어안고 가겠다는 너른 품의 소유자만이 낼 수 있는 소리 같아 보인다. 은근히 심금을 건드리는 낮은 음역의 목소리를 내내 동경해온 이유다.

언젠가 '통화중 대화'가 자동녹음된 것을 들을 기회가 있었다. 오랜 흡연으로 째질 듯 흘러나오는 하이톤의 내 목소리에 기겁을 했다. 소름끼칠 만큼 낯설고 건조한 소리였다. 그 정도로 듣기 거북한 줄은 꿈에도 생각지 못했다.

오래전, 아내에게도 내 목소리가 그렇게 들렸을까. '오늘만은 감정의 촉을 세우지 않고 자분자분 말하리라.' 다짐하곤 했지만 결국 옆집 아이가 깰 만큼 목청이 커져버렸다. 어쩌면, 끝없이 투덕대고 상처 주었던 갈등의 증폭제가 내 목소리였는지도 모른다.

누군가를 설득하거나 편을 나누어 토론할 때면 나는 지레 꼬리를 내리곤 했다. 성격 탓도 있지만 상대를 짜증나게 하는 하이톤의 말투로는 애초부터 이길 자신이 없었던 것이다. 때문인지, 나와 타인과의 '관계'에 있어서는 언제나 단단한 가시를 세워 채비를 했다. 상대가 새벽강의 안개처럼 지그시 심상을 누르는 저음의 목청이면 나는 그에게 제압을 당하지 않기 위해 독 오른 가시로 대항을 할 수밖에 없었다.

소리는 귓바퀴에서 모여 외이도外耳道를 지나 고막을 울린다. 고막의 울림은 귓속뼈와 달팽이관으로 전달되어 소리를 담당하는 뇌에서 그 정체와 강도強度를 읽는 것이다. 곧이어 뇌로부터 응답의 명령이 내려지면 성대의 울림을 통해 목소리로 나오게 되고 소리의 높낮이와 세기는 날숨의 양과 성대의 떨림에 따라 달라진다. 그렇다면 내 목소리는 어디에서 문제가 생긴 것일까.

나를 향한 주변의 비호감이 결국 목소리 때문일 것이란 자가처방으로 인후咽喉 검사를 자청했다. 성대 이상을 손볼 수 있다면 이제라도 목청을 수굿하게 다스려보리란 뜻이었다. '난청'이라는 진단이 내려졌다. 예상치 못한 결과였다. 일정 주파수를 벗어나면 청각세포는 혼돈에 빠지고 자연스레 발성의 데시벨을 높여 상대에게 재발신을 요구하는 난청. 결국 싸울 듯 목소리의 촉을 세우는 것이 입이 아닌 귀의 문제라 하니 황당할 수밖에 없었다. 게다가, 쇠를 깎는 듯한 이명과 특정 주파수의 소리를 알아듣지 못하는 난청이 유전 때문일 수도 있다는 게 아닌가.

  결과를 받아들고 난감함보다 애틋함이 더 컸다. 요즘 어지간히 크게 말하지 않으면 돌부처처럼 반응이 없는 어머니가 생각나서였다. 난청이 유전이면, 평생 청각장애로 살았던 외할아버지의 딸인 어머니도 당연히 그 영향을 벗어날 수 없었을 터. 돌이켜보면 나긋한 아낙의 멋은 눈곱만큼도 없다는 아버지의 투정이나, '동네 최고의 소리'란 비아냥도 나날이 기능을 잃어가던 청력 때문이 아니었을까.

  삭막한 도시에서 먹고살기도 버거운데 그깟 이명이니 청력 장애에 주춤거릴 여유가 있었을까. 어머니에게 병원 문턱은 호들갑이요, 사치일 뿐이었다. 고작 어머니가 할 수 있는 것은 잘 들리지 않는 만큼 상대에게 더 큰 소리로 대응하는 정공법이었을 게다. 물건값을 깎는 가게 손님들과는 흥정의 결과가 달라 다툼이 잦았고, 한 톤쯤 높아진 목청 때문에 자식들에게도 자애로운 모성보다는 찌든 삶에 대한 불만의 배설 정도로 비치는 경우가 더 많았다. 무엇보다 낮의 고단함을 토닥여줄 지아비도 부아만 돋우는 애물단지였다. 아버지는 전쟁에서 얻은 고막 부상으로 잔귀가 먹어 네댓 번씩 소리를 반복해야 알아들을 지경이니 어머니를 위로할 형편은 아니었다.

곁에 아무도 없는데 끊임없이 고막을 긁는 소리들, 어느 때는 심장 뛰는 소리까지 들린다니 어쩌면 끝내 내지를 수 없었던 어머니의 깊은 속울음이 긴 시간을 에돌아 이명과 난청으로 나타난 것일지도 모른다.

결국 나로 인해 불거진 난청의 정체는 어머니의 병원 검사가 끝난 후에야 심각성을 드러냈다. 어머니의 청력은 난청을 넘어 불청에 가까운 지경이었다. 더 이상 방치하면 완전히 기능을 잃게 된다는 의사의 경고까지 받았다. 처방이라고는 보청기 사용이 전부였다. 그러나 의사의 권고는 물론, 더 늦기 전에 보청기 착용을 권하는 자식들의 간청마저도 완강히 버티는 어머니를 이길 수 없었다.

유명한 베토벤의 '비창悲愴' 소나타는 그가 청력을 잃고 난 후 탄생한 곡이다. 그는 슬프고 우울한 감정을 엄숙하고도 깊은 열정으로 승화시켰다. 난청으로 시작된 청력이상으로 베토벤은 혼자만의 혼돈에 빠졌을 것이고 19세기 초, 암울한 시대적 배경과 어우러져 그 고통과 번민이 비창이라는 명곡으로 탄생했을 것이다.

어머니도 그랬을까. 전쟁에서 부상당한 아버지를 멀쩡히 걷게 하고, 여섯 자식을 공부시키며 반듯한 집이라도 마련한 것을 보면 난청을 극복한 거장의 반열에 오를 자격이 될 성싶다. 오직 살아야 한다는 일념으로 식구들을 거두기 위해 나날이 들리지 않는 세상의 소리 대신 내 가정, 내 자식들의 소리를 키워 들었을지도 모를 일이다.

자식 이기는 부모는 없다던가. 어머니가 고집을 꺾고 보청기를 착용하셨다. 처음 한 달간은 낯선 착용감으로 투덜댔지만 지금은 꽤 적응하신 듯하다. 이제 나도 한 옥타브쯤 소리를 내려 살가운 자식 흉내를 낼 수 있겠다. 더불어 내 성대도 그간의 날 선 행진을 접고 편안한 휴식을 취할 수 있지 않을까.

어머니가 TV의 소리를 줄인다. 내 말을 한마디도 놓치지 않으려는 나름의 노력이다. 매일 보청기를 닦고 이물을 털어내는 정성도 일상처럼 자리를 잡는다. 나도 어머니도 지금 난청의 강을 건너는 중이다.

눈깔사탕

언제부턴가, 아버지와 반장댁의 만남이 잦아졌다. 그녀는 엄마가 붕장어 행상을 나가고 나면 어김없이 아버지를 찾아왔다. 비몽사몽간이기는 했지만, 나는 두 사람이 주고받는 이야기를 어렴풋이 들을 수 있었다. "꼭 보낼 거지예? 약속 안 지키면 내가 곤란하니더."라면서 반장댁은 아버지를 채근했다. 아버지는 마지못한 듯, 그러마 하고 대답을 하는 정도였다.

반면에 엄마는 그것에 대해 전혀 모르는 눈치였다. 하루도 행상을 거른 적이 없었고, 장사를 마치고 삽짝을 들어서면 밀린 집안 살림을 해치우느라 늘 동동거렸다. 어디를 봐도 이상한 낌새 같은 건 읽지 못한 것 같았다.

그날도 아침 댓바람부터 반장댁이 찾아왔다. 그녀는 삽짝 밖을 힐끗거리며 목소리를 낮췄다. 아버지는 잘 피지 않던 봉초를 신문지에 말아 뺨이 홀쭉해지도록 빨아대기만 했다. 옆집에서 생솔가지로 불을 피우는지 매캐한 연기가 뭉텅뭉텅 담을 넘어왔다. 뿌연 연기만큼 무거운 기류가 두 사람 사이를 흐르고 있었다.

나는 요란하게 기지개를 켜며 헛잠을 털고 일어났다. 그런 내게 아버지가 대뜸 눈깔사탕 한 알을 쥐어주었다. 생각지도 못한 일이었다. 뜬금없이 내 손에 들어온 사탕 한 알은 입에 넣지 않아도 이미 달콤한 횡재였다. 그러나 아무리 생각해도 아버지가 까닭 없이 그것을 내어줄 리가 없었다. 의아한 마음을 숨긴 채 사탕을 꼭 그러쥐었다.

동네 점방이나 학교 앞 문방구에는 투명한 유리병 속에 눈깔사탕이 수북하게 들어 있었다. 노랗고 하얀 설탕 가루를 뒤집어쓴 놈과 그냥 반들반들한 놈들이 섞여 있는 유리

병은 햇살을 받아 무지개처럼 빛이 났다. 나는 종종 점방의 높은 창틀을 잡고 까치발을 세운 채 입맛을 다시곤 했다. 하지만 흥건하게 고인 침을 삼키며 돌아서는 수밖에 없었다. 터벅터벅 집으로 돌아오는 길, 애꿎은 흙무덤만 걷어차며 분풀이를 해댔다. 내 삶에 처음으로 결핍의 쓸쓸함을 가르쳐 준 것이 눈깔사탕이었던 셈이다.

아버지의 머리맡 궤짝에도 사탕 봉지는 있었다. 그건 아버지의 기침을 다스리기 위한 응급약이기에 우리는 손을 댈 수가 없었다. 폐를 크게 다친 아버지는 한번 기침이 시작되면 요강에 피고름을 쏟아내고도 잘 멎질 않아 늘 괴로워했다. 신기한 건 눈깔사탕 한 알을 입에 넣으면 거짓말처럼 기침이 멈춘다는 것이었다. 어린 내 눈에도 그건 사탕이 아니라 약이 분명해 보였다. 그런 사탕에 감히 눈독을 들일 수는 없었다.

얼마 지나지 않아 낯선 사람 둘이 마당을 들어섰다. 반장댁은 잔뜩 호들갑을 떨며 그들을 맞이했다. 그제야 아버지가 집안을 주섬주섬 챙기며 맞인사를 나누었지만, 그리 반기는 눈치는 아니었다. 그저 누렇게 색이 바랜 천장만 말없이 올려다보고 있었다. 그들은 빚쟁이처럼 좁은 집안을 이리저리 살폈다. 간혹 아버지의 꽁무니를 잡고 선 나에게 그윽한 눈길을 보내기도 했다.

어색한 공기를 살피던 반장댁이 내게 다가왔다. 부스럼과 버짐이 가득한 까까머리를 쓱쓱 문지르며 뜬금없는 칭찬을 늘어놓았다.

"야가 이래도 머리 좋고 싹싹한 놈이니더."

그들은 커다란 바구니를 아버지 앞에 내밀었다. 얌전하게 바구니를 싼 명주 보자기가 호기심을 부추겼다. 아버지가 매듭을 푸는 순간, 내 눈은 휘둥그레졌다. 투명한 비닐을 뚫고나오는 한 줄기 무지갯빛, 그건 동네 점방에서는 본 적이 없는 아주 큰 눈깔사탕이었다.

바구니 속에는 눈깔사탕만 있는 게 아니었다. 방금 풀을 먹인 듯 각이 잘 잡힌 멜빵바지와 가슴 양쪽에 커다란 오리 눈이 그려진 노란 티셔츠, 그리고 앙증맞은 삼각팬티도 있었다. 처음 보는 과일도 밑자리를 차지하고 있었다.

그때였다. 반장댁은 내가 입고 있던 후줄근한 옷을 가차없이 벗겨버리곤 새 옷을 입히기 시작했다. 비록 여섯 살이었지만 남 앞에서 발가벗겨지는 것이 창피하다는 것쯤은 알 나이였다. 아버지에게서 받은 눈깔사탕만 아니라면 발버둥이라도 쳤을 것이다. 하지만 반장댁의 손을 거부하면 사탕을 도로 내놓아야 될 것 같았다. 순순히 그녀의 손에 나를 맡기는 것이 사탕을 지키는 길이라며 두 눈을 찔끔 감았다.

처음 입은 멜빵바지가 남의 옷을 얻어 입은 듯 어색했다. 낯선 부부의 익숙지 않은 눈빛과 반장댁의 평소답지 않은 칭찬, 그리고 아버지의 무겁고 어두운 표정, 그 모든 것들이 새 옷만큼이나 불편했다. 그러나 동네 아이들에게 의기양양 사탕을 과시하고 싶은 마음이 더 컸기에 머릿속엔 그 자리를 벗어날 궁리로 가득했다.

"아부지, 나가 놀아도 되지예?"

"먼 데 가지 말고 집 근처서 놀거라."

아버지의 허락이 떨어지기 무섭게 골목을 향해 내달았다. 변변한 명절빔은 구경도 못한 아이들에게, 멜빵바지와 노란 티셔츠는 친척 집에 놀러온 서울 아이들이나 걸치던 옷이었다. 새 옷을 입고 나타난 나를 보고 아이들이 웅성거리기 시작했다. 나는 으쓱해진 기분으로 손에 든 눈깔사탕을 천천히 입에 넣었다. 그리고 보란 듯 배를 내밀고 그들 앞을 오락가락 걸었다.

"니, 여기서 뭐하는 짓이고?"

막 입안에 단물이 감도는 찰나 누군가 사정없이 어깨를 낚아챘다. 엄마였다. 완력이 얼마나 드센지 꼼짝달싹할 수가 없었다. 입에 든 눈깔사탕 때문에 아프다는 소리도 못하고 집으로 끌려 들어갔다. 그토록 우악스럽게 나를 다루는 엄마를 본 적이 없었다.

엄마의 갑작스런 등장에 아버지와 반장댁은 사색이 되었다. 그 시간에 엄마가 돌아오리라곤 꿈에도 생각지 못해서였을 것이다. 안방까지 끌려간 나는 다시 발가벗겨졌고, 멜빵바지와 노란 티셔츠는 바구니 속으로 내팽개쳐졌다. 무언가 잘못되고 있다는 생각이 들었다. 나는 채 녹지 않은 눈깔사탕을 뱉어 재빨리 담장 너머로 던져버렸다.

"아무리 입에 거미줄을 쳐도 그렇지 숟가락 하나 덜자고 자식을 남의 집 보내는 애비가 인간인교? 이웃 동기간이라고 동생처럼 정을 줬는데, 반장 자네까지 우째 이럴 수가 있노? 어디 가서 함부로 어미라 하지 마라. 오늘 장사 갔다가 동네 언니를 못 만났으면, 내가 이 죄를 품고 평생을 어찌 살았을꼬…."

엄마는 동네가 떠나가라 악다구니를 퍼부었다. 두 사람은 한마디 변명조차 하지 못했다. 나는 영문도 모른 채, 눈물콧물로 범벅이 된 엄마 옆에 한참 동안이나 쪼그리고 앉아 있었다.

그날 밤, 나는 실로 간만에 엄마의 품을 독차지한 채 잠자리에 들었다. 동생이 생긴 후 언감생심 꿈도 못 꾼 일이었다. 이따금 벽 쪽으로 돌아누운 아버지의 등이 들썩이기는 했지만, 나에겐 눈깔사탕 한 알보다 훨씬 달콤한 밤이었다.

아버지의 혼불

 버스가 시내를 벗어나자 속도감이 완연해진다. 서너 시간의 여유 탓인지, 조금 전까지만 해도 도탑게 인사를 나누던 일행들이 하나둘 노루잠을 청하고 있다. 차분하게 비 오는 날의 서정을 누리기에 제 격인 분위기다.
 살며시 커튼을 들추어 바깥을 살핀다. 출발할 때 쏟아지던 발비는 어느새 실비로 잦아들고 있다. 빗방울은 버스의 속도감에 끈질기게 저항하며 유리창으로 몸을 던진다. 그러나 빗살무늬의 긴 빗금을 긋곤 이내 허공으로 튕겨나간다. 속도에서 탈락한 빗방울들은 뒤따라오는 차의 전조등에 투사되어 폭죽처럼 부서져 내린다.

허공으로 점묘되어지는 빛의 파편들은 오래 전 고향의 밤하늘을 물들이던 반딧불이의 군무와 오버랩된다. 망연하게 비와 반딧불이의 추억을 오가다 문득 내 기억 한켠에 켜켜이 묵혀 있던 불덩이 하나를 발견한다. 오랫동안 내 안에 터주처럼 들앉아 트라우마가 되던 것이다. 일순 머리끝으로 찌릿찌릿 정전기가 일고 온몸이 그닐거린다. 그날도 그랬다.

"야야, 일어나 바라. 너그 아부지 또 숨이 안 잽힌대이."

어머니의 목소리가 깔딱잠에 빠진 나를 깨웠다. 하지만 어제도 그제도 온 집안에 곡소리를 터지게 만들었던 아버지다. 급박한 상황에도 내성이 생긴 것인지, 내 움직임은 꿈뜨기만 했다.

숨바꼭질을 하듯 아버지의 숨은 벌써 사흘 밤낮 동안 정지와 운행을 반복했다. 잠시 잠깐 아버지 곁을 지키던 자식들과 달리 어머니는 금강경을 외며 몇 날 며칠을 뜬눈으로 밤을 새웠다. 어머니의 다급한 호출에 잠기를 털어내며 아버지 코에 검지를 대본다. 들고나는 호흡이 없었다. 부릅뜬 눈만 나에게 무언가를 말하려는 듯 끝까지 초점을 놓지 않고 있을 뿐.

어머니가 손으로 아버지 눈을 쓰윽 문지르자 거짓말처럼 눈꺼풀이 내려앉았다.

"인제는 증말 가는 갑다. 창문부터 모조리 다 열어뿌라. 나무관세음보살."

어머니는 연신 꽉 쥔 염주를 돌리며 '관세음보살, 관세음보살'을 읊조렸다. 흠집 난 레코드판이 같은 음절만을 반복 재생하듯.

아버지방의 쪽창이 열리자 음력 유월답지 않은 밤바람이 서늘하게 흘러들었다. 눈이 어둠에 채 적응하기도 전에 하늘엔 동전 크기의 불덩이가 어둠 속에 잠시 머물다 미확인 물체보다 빠르게 사라졌다. 마치 대보름 쥐불놀이 때, 동심원에서 떨어져 나간 끄트리불이 사선을 긋고 먼 우주로 사라지던 것처럼. 그 불의 잔상이 망막에서 사라질 쯤 내 몸에는 찬물을 끼얹은 듯 소름이 돋았고 머리끝엔 정전기가 일었다.

"엄니, 저거 도깨비불 아인교?"

나는 소스라치게 놀라 불이 사라진 쪽을 가리키며 괴성을 질렀다.

"그기 혼불일꺼로? 너거 아부지 혼줄이 끊어져서 하늘에 불로 뜬 기다."

어머니는 연거푸 '아미타불'을 뱉어내며 열린 창밖을 향해 머리를 조아렸다. 육과 혼이 이어져 평생 아버지의 삶을 쥐락펴락했다는 혼줄. 그 줄이 끊어지면 육신은 흙으로 돌아가지만 혼은 불이 되어 공중으로 떠오른다. 그 불을 신호로 저승사자는 아버지를 긴긴 황천으로 인도하는 것이란다.

그 순간 어머니의 이야기가 마치 오래전 납량특집처럼 오싹한 소름으로 귓가를 맴돌았다. 수명을 다하기 직전 몸에서 빠져나간다는 영혼의 불. 공동묘지의 도깨비불 같았던 아버지의 혼불은 그날 이후 죽음에 대한 트라우마로 남아 나를 괴롭혔다.

아버지는 6남매의 넷째로 태어났다. 빈농의 부모에게 물려받은 것이라야 튼실한 몸 하나가 전부였지만, 아버지는 농사일보다 배움에 더 목말라 했다. 그럴 때마다 할머니의 지청구는 귀가 따갑도록 쏟아졌고, 그럴수록 아버지는 밭일보다는 이웃에 사는 일본서 유학한 친구와 어울려 밖으로만 나돌았다.

좌우의 이념 대립으로 혼란했던 해방 직후, 아버지는 그 친구와 어울렸다가 사상의 멍석말이를 당했다. 배고픈 친구의 한 끼를 챙기고 한뎃잠을 면하게 해주었다는 것이 죄목이었다. 사상과 이념의 뜻조차 모른 채 멍석 위로 쏟아지는 매타작을 오롯이 몸으로 받아낸 아버지는 평생 폐를 다스려야 할 만큼 심한 후유증에 시달렸다.

"송장칠 거라고 작정했는데, 목심이란 게 참 숭하게도 질기더라."

그날 이후 어머니는 아버지가 요강에 쏟아내는 누른 고름덩이를 비우는 게 일과였고, 폐에 영험하다는 먹거리 마련에 밤을 새우기 일쑤였다. 덕분에 아버지는 며칠쯤 혼이 나가 있었지만 끝내 목숨줄은 놓지 않았다.

채 추스르지 못한 몸으로 내몰린 전쟁터에서도 삶과 죽음의 경계를 무수히 넘나들었을 것이다. 우박처럼 쏟아지는 포탄 속에서 혼줄만은 모질게 붙잡았던 아버지다. 오로지 소총 하나에 목숨을 걸어야 했던 전장, 결국 아버지는 낙동강 최후 방어선 참호 속으로 날아든 포탄에 큰 부상을 당하게 되었다. 후송된 군병원에서 아버지는 마치 달팽이처럼 침상에 웅크린 채 악착같이 혼줄을 붙들고 있었단다. 탯줄 대신 얻은 아버지의 혼줄은 쇠심줄보다 질겼던 셈이다.

조기 전역으로 돌아온 고향 동네는 더 이상 상한 몸과 마음을 뉘일 안식처는 아니었다. 결국 아버지는 야반도주하듯 식솔을 이끌고 도시로 나왔다. 고작 스무 살, 꽃 같은 어머니에게 가장이라는 험난한 자리를 넘겨주었던 것도 그 무렵이었다.

전쟁이 분단의 선을 남겼다면, 전쟁처럼 지나온 아버지의 시간도 당신의 삶을 두 동강내어 버렸다. 건강하고 혈기 왕성했던 아버지는 과거 속에만 존재하였다. 아버지는 그때로 되돌아갈 수도 없었고, 되돌아갈 의욕도 챙기지 못하였다. 생계와 자식 교육은 당연히 어머니의 몫이었다. 텅 빈 집에서 아버지는 혼자 화투 패를 뜬다든지 공터 평상을 지키며 무료한 볕바라기를 하는 것이 하루의 전부였다. 줄줄이 커가는 자식들이 밥을 굶든 학교를 빠지든 아버지가 할 수 있는 가장 노릇이란 그 어디에도 없었다.

  학교에서 돌아오면 장지문을 통해 들리던 아버지의 기침 소리만 우리를 기다렸고, 어머니는 언제나 부재중이었다. 결국 어머니의 등은 나이 오십에 일흔 노인처럼 수북해졌다. 내가 아버지에게 애증의 옹이를 키우던 시기도 그때부터였으리라. 어머니의 어깨가 쳐질수록 나는 아버지를 밀쳐냈고, 알게 모르게 아버지의 무능에 대한 원망의 뿌리를 키워갔던 것 같다. 내 혼란스러웠던 성장기를 모조리 아버지 탓으로만 돌리며.

  그렇게 맞은 아버지와의 이별. 혼불이 트라우마가 된 것은 단 한 번도 아버지의 삶을 진중하게 들여다보려 하지 않았다는 자책감 때문인지도 모른다. 그날 밤 부릅뜬 눈에서 당신의 뼈아픈 회한을 읽지 못했던 나도 어느새 그때의 아버지만큼 세월을 껴입었다. 아비로, 남편으로, 한 남자로 아버지의 아픔을 속속들이 체감할 나이가 되었건만, 이미 단 한마디 위로의 말도 건넬 수 없다는 사실이 가슴을 먹먹하게 만든다.

  버스는 빗속을 뚫고 달리지만, 나는 아버지의 마지막 밤에 붙박이처럼 멈춰서 있다. 이제는 소용없어진 후회만 빗물처럼 내 안을 축축하게 흘러내린다.

쌀밥전(傳)

　사람들 앞에 벌거벗고 선 기분이었다. 이제부터 '넌 혼자야'라는 판결문을 거머쥐고 법원 문을 나설 때, 사람들의 시선은 돋보기 해 모으듯 나를 향했고 간혹 수군거림까지 환청으로 귀에 박혔다. 이미 바닥에 떨어진 자존감은 주위에서 갖은 처방을 들이댈수록 울컥울컥 부아로 나타났다. 생채기는 이대로 두면 더 곪을 것 같았다. 만원 버스에서 갑자기 가슴을 조여 오는 증세가 병이란 것을 알았을 때 '도피'를 감행했다.

큰 저수지를 품에 안은, 꽤 높은 농장을 도피처로 정한 것이 그 무렵이었다. 세상과 완전 차단된 곳은 아니지만 애써 사람을 청하지 않으면 그나마 '관계'에서 오는 복잡함은 덜 만했다. 때맞춰 쌀밥도 거기로 들어왔다.

녀석은 아직 내 손이 필요한, 갓 젖 뗀 애송이였다. 맑고 투명한 눈망울을 가진 순백의 털복숭이, 그 뽀송한 솜털 때문에 '쌀밥'이라 불렀다. 나는 아직도 동물에게 애완이라는 수식어를 붙이는 것이 마뜩잖다. 하물며 반려라는 단어에는 오죽했으랴. 당연히 처음엔 쌀밥도 내 손을 탄 강아지는 아니었다. 쌀밥은 그저 집 지키는 동물일 뿐이었다.

해가 지면 종일 채워뒀던 쌀밥의 목줄을 풀었다. 밤이나마 '자유'를 주겠다는 배려보다 혹시 있을지 모를 산짐승의 해코지를 쌀밥에 기대어 모면하겠다는 얄팍한 이기심 때문이었다. 무엇보다도 알아듣든 말든 녀석에게 혼잣말을 해대면 가슴이 한결 가벼워지기도 했다.

그날은 블루문의 밤이었다. 저수지 너머로 달이 오르고, 하나뿐인 창을 통해 음기가 그대로 방으로 스며들었다. 간혹 윗마을을 찾아 올라오는 자동차의 거친 엔진소리가 달의 기운을 잠시 잊게 해줄 뿐. 양력 한 달에 두 번 뜬다는 보름달을 두고 세상은 이런저런 의미를 붙여 웅성거렸지만 고즈넉한 산마을은 평소와 다름없이 괴괴할 뿐이었다.

블루문은 유난히 크고 음산했다. 그 달빛을 밟은 채 저수지 끝자락에 세워진 소나무 정자 옆에서 마지막 방광을 비울 때였다. 줄이 풀려 행방을 몰랐던 쌀밥이 목젖이 터져라 짖으며 쏜살같이 정자 쪽으로 달려왔다. 쌀밥의 서너 걸음 앞에는 같은 속력의 시꺼먼 괴물 하나가 정자를 향해 쫓기고 있었다. 멧돼지였다.

급랭한 얼음처럼 얼어붙은 나에게 멧돼지가 도달할 찰나, 쌀밥이 멧돼지 뒷다리를 물고 넘어졌다. 달빛 아래에서도 흙이 튀고 먼지가 회오리처럼 몰아치는 것이 보였다. 쌀밥보다 배 이상 덩치 큰 멧돼지는 다리를 물린 채 괴성과 함께 정자 앞을 뒹굴었다. 그 덕분에 얼음공주의 마법에서 풀린 나는 잽싸게 방으로 뛰어 들어갔다. 돌아보면 야박한 처사였지만, 오직 그 자리를 피해야 한다는 생각밖에 없었다. 이런 일을 대비해 설치해 둔 농장 비상등을 켤 엄두도 내지 못했다.

얼마나 지났을까. 멧돼지의 꽥꽥거리는 소리가 잦아들고 농장은 다시 밤의 정적 속으로 빠져들었다. 바깥 상황이 궁금하기는 했지만, 끝내 창밖을 내다보지 못했다. 밤새 이불 속에서 오한으로 떨었을 뿐.

여느 때와 같이 아침은 왔고 나는 어제의 비겁함을 감추며 쌀밥의 안위를 살폈다. 녀석은 간밤의 흔적만 정자 앞에 남긴 채 평소처럼 우리 속에 누워 있었다. 몸의 반쯤은 안에 들어 있고 머리는 비죽하게 나온 채로. 그러나 쌀밥은 이미 어제의 쌀밥이 아니었다. 주둥이 주변은 벌겋게 피로 물들었고 옆구리는 군데군데 찢겨 말라붙은 피로 검은 빛을 띠었다. 그 모습은 자칫 내가 겪었을지도 모를 참상이었다. 그 와중에도 쌀밥은 겨우 고개를 들어 나의 등장에 반가운 꼬리를 흔들고 있었다.

기별을 듣고 아랫동네 사는 매형이 올라왔다. 매형은 개에 관한 한 전문가였다. 쌀밥의 상처를 살펴본 후 여기저기 소독을 하고 상처를 꿰매곤 연고를 발라주었다. 그게 치료의 끝이었다.

"개안타. 근데 안 죽은 게 다행이다. 혼자서 멧돼지랑 싸우다니…."

쌀밥은 진돗개 백구의 잡종이다. 여러 피가 섞여, 모양은 진돗개지만 족보는 흔한 똥개에 가까웠다. 그날 쌀밥은 위험에 처한 나를 위해 제 몸속에 눈곱만큼 남은 진돗개의 본능을 혼신으로 끄집어냈던 것이다. 첫 주인을 평생 잊지 않는다는 진돗개 앞에, 가족이라는 세상 가장 귀한 매듭조차 가차 없이 끊어낸 나의 이기심이 부끄럽기만 했다.

매형의 처방처럼 얼마 지나지 않아 쌀밥은 다시 꼬리를 흔들며 평상을 되찾았다. 멧돼지가 남긴 상처도 아물어갔다. 고작 세 치 혀로 남을 해치고, 제 눈의 들보는 보지 못한 채 남의 눈의 티끌 탓만 했던 나에게 쌀밥은 '더불어 사는' 법을 몸으로 보여 주었다. 하지만 낮에도 목줄을 풀어주고 목욕으로 순백의 털을 찾게 해준 것 말고는 딱히 해준 건 없었다. 그래도 쌀밥은 옷에 붙은 도깨비바늘처럼 종일 내 주변을 떠나지 않았다.

목줄에서 해방되니 쌀밥은 동네 수캐들과 종종 사랑에 빠졌다. 검은 개와는 '탄밥'이란 애비 닮은 까만 새끼를, 누렁개와는 '보리밥'을 선물해 주었다. 쌀밥은 크든 작든, 희든 검든 품에 든 새끼들과 농장을 누비며 곳곳에 생기를 불어 넣었다. 그 덕분인지 내 마음병도 빠르게 호전되었다. 나는 다시 세상과 싸워 볼 힘을 얻어 도시로 내려왔지만, 쌀밥은 여전히 농장을 지키며 터주 노릇을 다했다.

열두 살. 쌀밥이 짧은 생을 마친 날, 나는 기회가 오면 '쌀밥전傳'을 글로 남기리라 다짐했다. 그것이 내가 녀석에게 바치는 유일한 진혼곡이었기 때문이다.

속돌

 여섯 달 만이다. '드디어 가냐'고 빈정대면서도 내심 반가운 눈치다. 늙수레한 아들이 욕실에서 샤워로 건성건성 목욕을 때우는 것이 어머니는 항상 불만이었다. 얼추 두 계절은 건너뛴 셈이라, 나도 멋쩍은 웃음을 흘리며 집을 나선다. 이순이 넘은 자식도 품속 새끼일 뿐. 어머니는 매사가 영 미덥지 못한가 보다. 뜨거운 물에 몸을 푸욱 불리고 묵은 때를 삭삭 벗겨내야 제대로 하는 목욕이라며, 슬리퍼를 끌며 나서는 내 꼭뒤에다 한마디를 덧댄다. 그런 지청구가 낡은 풍금소리만큼 정겹다.

 어머니가 챙겨준 목욕가방을 덜렁거리며 탕으로 들어선다. 뿌연 수증기가 앞을 막는가 싶더니 비릿한 물내를 업은 열기가 전신을 덮쳐온다. 급작스럽게 느껴지는 안팎의 공기 차이에 잠시 숨이 막힌다. 세포 하나하나가 여섯 달 만의 해후에 화답을 하는 건지 온몸에 파르르 전율마저 인다.

 한바탕 푸닥거리를 앞둔 무당처럼 한쪽 구석자리를 차지하고 앉아 경건하게 목욕 제례를 시작한다. 제단을 차리듯 주섬주섬 목욕 용품을 꺼내놓고 보니 제법 한 살림이다. 비누에 때타월, 바디샤워, 일회용 면도기까지 참 살뜰하게도 챙겨 놓으셨다.

 또르르, 두서없는 손끝을 벗어난 무언가가 바닥을 구른다. 갓난아이 주먹만 한 낯익은 돌. 거친 듯 부드럽지만 전신에 여드름 자국 같은 구멍이 숭숭 뚫린 '속돌'이다. 요즘 이런 걸 누가 쓴다고, 남이 볼세라 얼른 집어 들었지만 돌 하나의 처분을 두고 순간 난감해진다.

속돌은 예전에 때를 벗길 때 사용하던 돌이다. 편하게 '때돌'이라고도 불렸다. 용암이 굳어서 생긴 화산석으로 '속돌'보다는 '때돌'이란 이름이 내겐 더 친근하다. 때타월이 나오기 전에는 속돌 하나쯤 집집마다 다 갖고 있었다. 귀한 화산석보다는 매끄럽고 흔한 몽돌이 대부분이었다.

연중행사 치르듯 목욕탕을 갈 때면 대개 낡은 수건을 둘둘 말아 때를 밀었다. 하지만 손등이나 팔꿈치, 발뒤꿈치의 묵은 때는 수건으로는 해결이 되지 않았다. 그때 등장하는 것이 속돌이었다. 아무리 매끈하다 해도 속돌은 어디까지나 돌일 뿐이었다. 조금만 세게 문지르면 여린 살갗에 피주름이 잡히곤 했다.

명절 전날, 어머니는 꼭두새벽부터 동생과 나를 깨워 목욕탕으로 향했다. 우리는 어김없이 무릎을 굽히고 자라목을 한 채 만 6세 이하 꼬맹이가 되어야 했다. 어머니는 당당히 한 사람 요금만 내고 계산대를 통과했기에 뒤따르는 우리는 금방이라도 주인에게 덜미를 잡힐 것 같아 오금이 저릴 지경이었다. 게다가 여탕에서 친구와 부딪힐까 봐 도살장에 끌려나온 소처럼 엉덩이를 뺄 수밖에 없었다. 하지만 그 끔직한 곤욕도 어머니가 속돌로 우리 몸을 벗길 때의 아픔에 비할 바는 아니었다.

속돌이 언제부터 우리 식구였던지는 기억에 없다. 어머니를 따라 처음 목욕탕을 가던 날 이미 속돌의 위력이 기억에 생생히 남은 걸 보면, 외할머니께서 혼수로 챙겨 준 것인지도 모른다. 얽은 듯 흉터투성이인 하찮은 돌덩이를 어머니는 신주단지처럼 모셨기 때문이다. 누군가 목욕탕에 놓고 오기라도 하면 온 집안에 난리가 났다. 탕을 샅샅이 뒤진 끝에 기어이 집으로 데려오곤 했다. 손때 묻은 물건을 허투루 버리지 않는 성정이기는 하지만, 가뭄 속 논바닥같이 갈라진 발꿈치의 각질을 벗기기 위해 아직도 속돌을 쓰고 계시나 보다. 부드러운 때타월로부터 이름조차 낯선 목욕 용품들이 차고 넘치는 요즘까지 속돌을 끼고 사는 어머니를 어떻게 이해하나.

열여섯 꽃이던 나이, 입 하나 덜자고 떠난 시집살이는 길쌈질만큼 고단했을 것이다. 그 고단함에 어머니는 돌치레도 못 넘긴 아이 둘을 가슴에 묻었다. 할머니는 팔자 센 며느리 들인 탓이라고 제대로 눈길조차 주지 않았다. 설상가상 부유하듯 떠도는 아버지로 인해 몸이 소금절인 배추 꼴이어도 기댈 언덕이라고는 없었던 어머니다. 그나마 당신이 부려보는 유일한 사치는 그을음으로 덧칠된 정지간 가마솥에 물을 데우면서 시작되었는지도 모른다. 어둠도 숨을 멈춘 밤, 뜨거운 대야물에 몸을 담그며 슬며시 속돌을 끄집어 내지 않았을까.

별 하나에 추억과 사랑과 쓸쓸함과…, 급기야 어머니까지 불러내던 어느 시인처럼 당신께서도 돌이 지나간 몸길마다 아련한 그리움의 이름들을 새겼을 게다. 따가운 햇살을 등에 업고 너른 들 이삭을 주우러 다니던 순이와 옥이, 귀가 멀어 평생 하대下待 속에 살다 가신 외할아버지까지. 그 이름을 어루만지며 서러운 눈물을 찍곤 하지 않았을까. 그러고 보면 남모르게 치르는 어머니만의 푸닥거리에 늘 동행한 것은 속돌이었지 싶다. 고된 하루를 밀어내고 내일도 어제처럼 의연하기 위한 다짐과도 같았을 시간, 몸과 함께 마음이 더불어 청정해진 그 밤을 지나면 한 며칠쯤은 천근같은 일상 앞에서도 거뜬하셨으리라. 그리하여 야반도주하듯 도시로 스며들던 날도 속돌만은 빼먹지 않고 단봇

짐 속에 꾹꾹 눌러 넣었을 것이다.

 비린 갯내가 푸석푸석 날리는 도시의 변방. 그곳은 도시와는 아귀가 맞지 않는 선창가였다. 낯설고 물선 도회 살림은 어수룩한 어머니를 드센 갯가 아낙네로 거듭나게 만들었다. 새벽의 매운 갯바람 속에 어물전을 펴 장사를 하거나 인근 합판공장 장골 여섯을 하숙치는 것쯤 공깃돌 놀듯 설렁설렁 치러낼 강단도 생겼다. 만선의 배가 선창에 들어오면 싱싱하고 물 좋은 생선을 받기 위한 자리싸움에도 조금도 밀리지 않았다. 그 와중에도 여섯 아이들 먹여 가르치랴 속병 든 지아비 건사까지 무엇 하나 허투루 하지 않았다.

 고단했던 어제가 있었기에 오늘이 다소나마 반듯하다고 말하고 싶은 것일까. 마치 거풍이라도 시키듯 이제 그만 잊어도 좋을 케케묵은 과거사를 무시로 끄집어내시는 어머니. 당신의 고단함이 지문처럼 새겨져 있을 돌 하나가 새삼 묵직하다. 돌이 껴입은 세월의 더께가 어머니의 역사 같아서 괜스레 코끝이 맵다.

속돌로 슬그머니 손등을 문지른다. 적당히 힘을 더하니 때수건으로도 제법 그럴 듯하다. 매끈한 촉감도 색다르고 묵은 연륜으로 손등 위를 부드럽게 헤엄친다. 비로소 아직도 속돌을 지아비 품듯 하는 어머니 삶이 보인다.

돌아가는 길, 목욕 후의 개운함보다 묵직한 울컥함이 발걸음을 앞서 간다.

산19번지

 오랜만에 만나는 겨울의 맛이다. 집을 나설 땐 밍밍했지만 시간이란 양념이 더해지면서 혀가 마비될 만큼 맵다. 의·식·주의 앞자리가 주住라고 우겨도 좋을 추위다. 든든하게 먹고 두텁게 챙겨 입는 것보다 군불로 데워진 아랫목을 파고드는 것이 훨씬 절실해지는 날이다. 하필 이런 맹추위 속에 집을 나섰다는 후회가 부아로 바뀔 쯤 저만치 '공원묘지'를 알리는 표지판이 보인다.
 묘지 초입에서 잠시 걸음을 멈춘다. 은근슬쩍 세를 불린

아파트 단지는 죽은 자들의 터전조차 삼켜버릴 듯 이악스럽다. 하지만 묘지는 주눅 들지 않는다. 외려 바둑판을 펼쳐 놓은 듯 반듯하게 오伍와 열列을 그은 채 사방으로 당당하다.

이곳에는 지위고하가 없다. 능선을 따라 어디든 같은 시간, 같은 양의 햇살이 제공된다. 전망이 좋다는 해괴망측한 이유로 웃돈이 붙는 로열층도 존재하지 않는다. 그저 남겨진 자들이 게으름을 감추고자 입구 쪽에 자리한 묘지 근처를 주차의 명당쯤으로 쳐줄 뿐이다. 살아생전 터를 불리기 위해 그토록 용을 썼던 사람일지라도 이곳은 공평히 한 칸 묘지만 허용된다. 하긴, 흙에서 태어나 흙으로 돌아간 자들에게 한 칸이나 열 칸이 무슨 의미가 있을까마는.

꽁꽁 얼어붙는 냉기 속에서도 아버지의 유택은 여전히 안녕하시다. 세상 뜨시기 전 제법 번듯한 이층 주택에 걸었던 문패보다는 남루하지만, 세 평 무덤에 이름표 하나 새겨 놓고 마냥 안온해 보인다. 육신을 눕힐 수 있는 최소한의 공간이면 족하다고, 땅속의 아버지는 이야기하고 계시는 듯하다.

그러나 자의와 상관없이 세 평 무덤 같은 집에 육신을 구겨 넣어야만 했던 이들도 있었다. 혼자든 열이든 세 평 남짓의 공간에서 소멸하지 않고 끈질기게 살아가던 사람들이다. 그들은 원도심 재생과 발전을 주제로 열린 사진전 '아미동 산19번지'에 살고 있었다.

산19번지는 도심과 바다를 가까이 볼 수 있는 전망 좋은 산만디였다. 지금은 따개비처럼 붙어 있는 집과 그 사이를 구불거리는 좁은 골목이 전형적인 산동네이지만, 광복 전까지는 사람이 살던 곳이 아니었다. 게다가 여느 산만디 동네와는 분위기가 사뭇 다르다. 벽과 주춧돌, 장독대, 골목의 계단 등 곳곳에 산동네와 어울리지 않는 반들반들한 대리석 조각이 보이고, 거기엔 한자로 새겨진 글자와 비상한 솜씨의 그림이 그려져 있다. 어느 돌에는 손끝 매운 석공의 솜씨로 '吉田家之墓'(요시다가문묘) 등의 글자가 있는 것으로 미루어 묘지의 상석과 비석들이 틀림없다. 바로, 산19번지가 해방 전까지 산 아래 평지에서 살았던 일본인들의 공동묘지 주소였다는 증거다.

광복 후 부두를 통해 동포들이 귀환을 했고, 6·25 전쟁으로 많은 피난민들이 부산으로 몰려들었다. 전쟁은 세상 전부를 파괴할 듯 엄중했지만 살아남은 사람들에겐 여전히 의식주가 발등의 불이었다. 가장들은 하루치의 밥을 위해 자갈치 시장에서 혹은 국제 시장이나 부두에서 막노동을 마다하지 않았다.

누더기라도 잘만 입으면 염치를 갖출 정도는 되었지만, 전쟁이 쏟아놓은 피난민들에게 당장 급한 것은 현해탄을 건너오는 갯바람을 막아주고 고단한 몸을 뉘일 따스한 집이었다. 그나마 능력이 되는 사람들은 시내와 시장 근처에 집을 구했지만, 형편이 부족한 이들은 점점 비탈을 따라 산만디를 오르며 거처를 마련해야 했다. 피난 생활도 형편에 따라 등급이 매겨졌던 것이다. 아마 아미동 산19번지, 무덤 마을까지 올라온 사람들은 스스로 막다른 인생이라 생각했는지도 모른다.

묘지든 어디든 우선 살고 봐야 했다. 급한 대로 어른 허리 높이인 묘지 경계석에 자갈치 시장에서 얻어 온 생선 상자 같은 널빤지나 천막을 얹어서 집을 만들었다. 방바닥 아래는 당연히 유골함이었다. 죽은 자가 산 자를 떠받치고, 죽음의 공간은 삶을 위한 배수진이 되었다 할까. 땅을 내준 자에게 산 자는 고작 자신의 밥을 덜어 공양을 올리고 향이라도 피워 자신의 무례함을 감출 뿐이었다.

많은 사람들이 산만디(산마루의 경상도 사투리)를 올랐다 내려가고 그 빈자리에 평지에서 내몰린 자들이 편입되어 왔다. 그들이 따개비 집과 좁은 골목으로 이어지는 산동네를 완성시켰다. 겨우 밤이슬을 막아주는 남루한 지붕 위로 달이 오르면 귀신과 함께 잠을 이루던 그들의 꿈은 한결같았으리라. 물을 긷기 위해 좁은 계단 길을 오르내리지 않는, 혹은 학교를 가기 위해 산 아래 정류장까지 뜀박질하지 않아도 되는 아랫동네에 내 집을 마련하여 무덤 마을을 내려가는 꿈. 꿈에 무게가 있다면, 그 무게를 뭉뚱그려 산을 깎아 평지로 만들고픈 간절함이 전부였을 것이다. 어쩌면 그 꿈의 실현은 아직도 유효한 삶의 교본 같은 것인지도 모른다. 낮은 곳의 집 장만은 그 이후 집의 몸피를 불리는 훌륭한 밑천이 되었기 때문이다.

인문학의 부활로 말미암아 변방의 역사를 재조명하는 일이 한창이다. 산19번지는 '비석문화마을'이란 문패를 새로

달았다. 골목길이 넓어지고 담장은 벽화로 도배가 되니 관광 삼아 이방인들까지 들락거리게 되었다. 하지만 무덤 위에 터를 잡고 구들장 아래의 귀신과 동거했던 무덤 마을의 주역들은 막상 '문화마을'이란 좋은 세상을 볼 수가 없다. 그들은 간절히 원했던 평지의 집 대신 죽어서도 세 평 땅속에서 '버려진 역사'를 말없이 증언할 뿐이다. 자세히 돌아보면 '기록된 역사'보다 '버려진 역사'가 훨씬 많다. 역사는 늘 승자들의 몫이 아닌가. 특히 가난한 자들이 일궈 낸 '바닥의 역사'는 기록되지 못한 채 사라지게 마련이다. 하긴 변방 중 변방인 산19번지의 삶을 역사로 남길 생각을 누군들 했겠는가마는.

아버지의 봉분 위 말라죽은 억새들이 겨울햇살을 반사한다. 어쩌면 아버지의 역사도 산19번지의 역사만큼 집을 불리기 위한 억척의 시간이었는지 모른다. 공원묘지를 내려오면서 자동차 핸들을 산19번지로 돌린다. 아직도 진행형인 산만디의 역사에서 아버지의 시린 삶을 읽어 볼 참이다.

2부

장마

"전화는 했나?"

고함소리가 방문을 뚫고 나온다. 청각이 희미해지면서 어머니의 목청은 한층 더 톤이 높아졌다. TV에서는 기상특보라는 붉은 제목으로 곳곳의 물난리 현장을 내보내는 중이다. 다급한 리포터의 목소리가 긴장감을 배가시킨다. 그제야 한 시간 전 누이 농장은 괜찮은지 알아보라던 말씀이 떠오른다.

장마는 보름째 진행형이다. 세상은 눅눅함을 넘어 쥐어

짜면 금방이라도 물이 줄줄 흐를 듯 온통 축축해졌다. 때문인지 눈에 보이는 모든 것들이 죄 우울의 색채를 띠고 있다.

문제는 쏟아붓듯 내리는 국지성 호우다. 큰 강의 제방이 터져 마을과 농경지가 물에 잠기고, 그중에 비닐하우스를 이용한 시설 재배 농장은 예외 없이 속살을 드러냈다. 화면엔 강과 땅의 경계를 삼켜버린 수면이 넘실대고 간혹 초승달 같은 하우스의 지붕만 빼꼼히 보인다. 물 빠진 강변의 비닐하우스가 폭격을 맞은 듯하다. 뼈대가 무너지고 휘어져 비닐이 사방으로 휘날리는 모습에 어머니는 연신 안절부절 중이시다. 장마나 집중호우 때면 열병처럼 치르는 당신만의 계절병이다.

나에게 장마는 힘겨운 하루 일을 끝내고 집으로 갈 때 우산 끝에서 떨어지는 낙숫물을 바라보다 문득 비를 노래한 시 한 편이 떠오르는 그런 날이다. 혹은 계속되는 장마는, 이것만 견뎌내면 젖은 빨래를 널 수 있는 쨍쨍한 해를 만날 수 있다는 설렘이기도 하다. 나와 어머니의 장마는 애초부터 결이 달랐던 셈이다.

누이는 어머니에게 아픈 손가락이다. 낡고 닳은 가락지조차 헐렁해진 새끼손가락이다. 어머니가 다섯 아들을 공부시키느라 기력을 다하는 동안 누이는 유령처럼 있는 듯 없는 존재였다. 갓난 동생들 업고 다니느라 초등학교마저 졸업할 시기를 놓쳐버렸다. 하나뿐인 딸이 무학력자 처지라는 걸 어머니가 깨달았을 땐 이미 누이 또래들은 고등학교를 다니고 있었다. 다행히 동네 한 어르신 덕분에 억지로나마 야간 여상까진 마칠 수 있었지만 어머니는 그때를 회상하면 가슴을 치곤 했다.

유난히 꽃을 좋아하던 누이는 장미를 재배하는 남자에게 시집을 갔다. 밭을 갈아 상추와 고추를 심고, 논에 물을 대어 쌀을 얻는 것만이 농사는 아니었다. 장미 농사도 눈 뜨는 순간부터 방바닥에 등을 뉘여 하루를 갈무리하는 순간까지 잠시의 여유조차 허락지 않는 강도 높은 노동이었다. 그런 누이를 보는 어머니는 늘 못 가르친 자신을 자책했다.

장미 농사는 그런대로 소출은 좋았지만 문제는 하늘이었다. 장마가 극성을 부려 농장이 큰물에 잠긴다거나 태풍까지 덮쳐 하우스가 파손되면 몇 년 농사가 일거에 무너진다. 장마와 어머니의 악연은 그때부터 시작되었다. 장마 때는 딱히 손을 보탤 수 없는 형편이니 어머니는 하늘을 향해 '무사통과'를 기도하는 게 고작이었다. 며칠째 농장이 물에 잠겨 2,000평 하우스의 장미를 몽땅 뽑아내고, 그해 농사를 접어야 했던 적도 있었기 때문이다.

며칠씩 물이 빠지지 않거나 제때 환기창을 열어주지 못하면 고온과 높은 습도를 틈타 잿빛곰팡이병, 흰가루병, 응애, 총채벌레 등이 동시다발로 기승을 부린다. 끈끈이 조각을 만장 행렬처럼 농장 곳곳에 매달거나 유황을 태우는 분연기로는 병해충들을 막아낼 수가 없다. 결국 평소보다 배 이상의 농약이 살포된다. 월남 고엽제에 버금가는 독성으로 누이와 인부들이 중독되어 병원 신세를 지기도 했다.

사고는 예고가 없지만 긴장의 끈을 놓지 않으면 충분히 막을 수 있는 법이다. 삼십 년 전, 그때의 사고도 '괜찮겠지'라는 안일함에서 시작되었다. 아버지의 혼불이 꺼지던 날도 음력 유월 말, 장마의 한가운데였다. 부고訃告를 받고 매형과 누이가 한달음에 달려왔다. 호우주의보와 마른장마가 오락가락하는 와중이었다. 매형은 하나뿐인 사위로서의 도리를 다했고, 누이는 외동딸로서 슬픔을 씹으며 삼일장을 치렀다.

비는 심하지 않았지만 삼일장 내내 무덥고 습했다. 아버지를 공원묘지에 모시고 누이는 농장으로 돌아갔다. 그날 밤, 며칠째 비운 농장에 사달이 났다는 기별이 왔다. 자동으로 작동하는 천장 개폐 장치가 고장이 나서 장미는 병해충에 속수무책으로 쓰러졌고 설상가상 바닥은 배수펌프의 고장으로 호수를 방불케 했다. 아버지는 봉분 흙이 채 마르기 전에 어머니께 혹독한 지청구를 듣는 처지가 되었다. 농장이 복구되는 동안 장마는 끝났지만 어머니 가슴은 그로 인해 꺼멓게 타들어 갔다. 오늘처럼 비가 세상을 분탕질 치는 날이면 어머니께 그날의 트라우마가 되살아나곤 한다. 그것을 알면서도 게으름을 피웠으니 목청이 높아질 수밖에.

잠깐 사이에 모든 방송이 재난방송 체제로 바뀌었다. 침수된 우사를 본능적으로 탈출한 소들이 지붕에 올라 있는 모습, 수압을 견디지 못하고 찌그러진 비닐하우스를 일렬로 서서 정리하는 군인들을 비추는 방송 카메라마저 속절없는 비에 젖어 화면조차 흐릿해 보인다. 장마의 끝은 삼우제를 마친 유족들에게 밀려오던 허망함 같은 것이다.

어머니의 재촉 덕분에 연결된 누이와의 통화는 농반진반의 걱정과 덕담으로 끝이 난다. 농장엔 티끌만큼도 피해가 없다는 소식을 듣고서야 어머니는 TV를 끄고 잠자리에 드신다. 누군가 습하고 무거운 장마전선을 걷어가지 않는 한 어머니는 꿈길에서조차 누이의 농장을 근심으로 기웃거릴 것이다.

뒷모습

 피는 것이 그러하듯 꽃은 지는 모습도 제각각이다. 목련은 별안간 툭, 툭, 목을 꺾지만 개나리는 자디잔 꽃술을 매단 채 마지막 순간까지 삶을 달군다. 차일피일 미루었던 팽목항을 찾았을 때도 그랬다. 동거차도에서 그 바다를 제일 잘 볼 수 있다는 언덕을 오르던 날, 길섶에는 몇 남은 개나리꽃이 이울어 가는 꽃잎을 악착스레 매달고 있었다.
 된비알을 오르느라 숨이 턱밑에 다다를 즈음, 개나리꽃이 세 번이나 피고 지며 지켜온 세월의 바다를 만났다. 수

중 칩거로 천 일을 넘긴 배는 녹슨 뻘숭이가 되어서야 바다를 떠났고, 수많은 목숨을 삼켜버린 맹골의 물살은 여전히 사나웠다. 불귀의 넋을 건져 올리는지 멀찍이 보이는 방파제에는 색바랜 노란 리본들이 해원의 춤사위를 멈추지 않고 있었다. 꽃 진 자리를 다시 켜듯 봄이 가는 길목을 노랗게 막아서는 몸짓은 처연하기까지 했다.

세 번의 봄이 지나는 동안, 수많은 사람들이 모였다 흩어지기를 반복하며 광장이 만들어졌다. 그들이 내지르는 함성은 돌아오지 못한 목숨을 향한 조문의 행렬이듯 좀처럼 사그라질 기미가 보이지 않았다. 그러나 크건 작건 책임을 짊어져야 하는 쪽에서는 침묵의 대답만 돌아왔다. 그들은 비겁했고, 그로 하여 분노의 열기는 더 뜨거워졌다. 여전히 함구하는 이들에게 살아있는 생물처럼 지금도 진행형인 진실은 오직 피하고 싶고 불편한 과거일 뿐일까.

광장은 대부분 과거에 대한 분노로 시작되고 '이실직고'하라는 함성으로 끝이 났다. 폐부를 울리는 함성은 높다란 담을 거침없이 타고 넘었다. 누군가 노래를 부르면 사람들은 떼창으로 화답했고, 그들이 켜 든 촛불은 바람으로도 꺼지지 않았다. 구름처럼 모여든 인파가 일사불란했던 것은 모두가 같은 마음이라는 동력 때문이었을 것이다.

한때 나도 주말이면 광장으로 향하곤 했다. 그곳에 마음 도장이라도 찍지 못하면 나사 하나가 빠져버린 듯 휑하기만 하던 시간이었다. 놀랍고 안타깝고 실망하고, 급기야 분노로 들이찬 섯이 샘처럼 솟구쳐 견딜 수가 없었다.

한바탕 열기를 쏟아낸 사람들이 흩어지는 시간. 그때부터 가늠할 수 없는 불안이 송골송골 돋아났다. 그것은 집으로 향하는 내 그림자를 밟고 은밀히 뒤를 따라왔다. 조금 전 광장에서 나를 들뜨게 하고 울컥하게 만들던 집단지성의 장엄한 일체감과는 결이 다른 뜻밖의 감정이었다. 메아리처럼 나를 되울리는 함성의 옥타브가 불안을 넘어 두렵기까지 했다.

불현듯 모골이 송연해지는 일이 잦아졌다. 등 뒤를 따라오는 사람들의 도란거리는 소리, 쌓인 낙엽이 누군가의 발밑에서 사각거리는 소리, 신경질적으로 빵빵대는 경적소리…. 눈을 감고도 빤하게 읽어지는 소리이건만, 애써 걸음을 멈추고 고개를 돌려 뒤를 살펴야 비로소 안도할 수가 있었다. 그렇게 생겨난 정체불명의 불안감은 내 일상에 짙은 그늘을 드리우게 했다.

명주바람이 두터운 겨울옷을 벗어버리게 할 즈음, 불안의 실체는 서서히 드러났다. 나는 과연 제대로 된 길을 가고 있을까, 광장에서 목청 높인 내 소리가 누군가의 생채기를 덧나게 한 것은 아닐까, 내 편 네 편 또 다른 편가름의 우상에 빠진 건 아닌지, 시간이 지난 후 나는 오늘의 내 모습에 얼마나 당당할 수 있을지…. 왈왈하게 내뱉은 말들이 비수처럼 누군가의 가슴에 상처를 남겼다고 느낄 때 갑자기 번져오던 부끄러움 같은, 그것이 내 불안의 실체였다.

E. H. Carr는 과거와 현재의 끊임없는 대화가 역사라고 했다. 오로지 현재의 눈을 통해서만 과거를 조망할 수 있으므로 스스로 감추고 싶은 과거의 사실을 현재의 공터로 불러들여 내일의 타산지석으로 삼아야 한다는 뜻일 게다.

광장의 사람들은 끊임없이 뒤틀린 과거의 뒷모습을 질타했지만 일견 대화라는 타협안도 내밀었다. 함성은 현재가 과거를 부르는 대화의 손짓이었던 셈이다. 설령 과거의 맨살이 드러나 돌팔매를 받는다 한들 그들이 기꺼이 광장과 마주했다면 촛불도 수굿해지지 않았을까.

　마주본다는 것은 서로가 어떤 '관계'일 때 가능하다. 가족이거나 사랑하는 이들이거나 혹은 불구대천 원수지간도 관계로부터 시작되고, 그 후 마주보느냐 돌아서느냐의 문제는 관계의 흐리고 맑음을 결정하는 것이다.

　나도 가정을 지키는 일에 하루살이처럼 매순간 죽을힘을 다한 줄 알았다. 식구들 구들장을 데우기 위해 쉼 없이 군불을 지폈노라고 변명도 했다. 하지만 결과는 젖은 불쏘시개만 꾸역꾸역 쑤셔넣어 온 집안을 매캐한 연기로 가득차게 만든 꼴이었다. 가족이라는 원초적인 관계에서 마주보기 위한 노력 대신 단호한 뒷모습만 보여준 것이라 할까. 어쩌면 진심은 서로의 눈동자 속에 감춰져 있음을 망각했던 것이다.

　마주보기를 외면한 결과는 서로 뒷모습만 보여주는 것이기에 늘 부끄러움으로 나타난다. 내 뒷모습은 잊은 채 상대의 뒷모습만 손가락질했던 것은 광장에서 함성을 지를 때도 마찬가지였다. 집으로 돌아오는 나를 끈질기게 따라붙던, 즉 광장으로부터 이어진 불안의 정체는 남의 뒷모습을 향해 내지른 함성에 대한 부끄러움이었다.

  문득 뒷모습에도 표정이 있으리란 생각을 한다. 당당하거나, 외롭거나, 초라하거나, 어둡거나, 밝거나…. 각양의 표정들은 숨길 수 없는 원색의 또 다른 나를 대변하는 것처럼 보인다. 우리는 너나없이 자신이 알지 못하는 자신의 뒷모습을 등짐처럼 짊어지고 살아가고 있는 것이 아닐까. 자신의 눈으로는 확인할 수 없는 뒷모습은 오로지 타인에게만 열린 또 하나의 표정이다. 설사 내가 관여할 수 없다 하여도 뒷모습의 표정에 내 책임이 따라야 한다는 것을 이제야 깨닫게 된다.

  뒷모습이 예쁜 사람은 삶도 아름다운 사람일 것 같다. 하지만 굽이치는 강물처럼 숱한 감정의 고비를 넘어온 나에겐 그저 요원할 뿐이다. 오늘도 어제처럼 앞가림만으로도 버거운 나. 그런 내 뒷모습이 누군가에게 앞모습으로 보일 수 있다는 것을 진작 알았더라면 이 홧홧한 부끄러움을 조금은 덜 수 있지 않았을까.

화투의 꿈

 습자지에 잉크가 스미듯 천천히 볕이 든다. 오늘처럼 북창을 넘어 온 햇살이 거실 깊숙이 그림자를 남기는 건 흔치 않은 일이다. 무거운 침묵이 햇살에 드러난 부유물에 얹혀 떠다니고 있다.
 손바닥을 마주치듯 간간이 찰진 소리가 울린다. 군청색 담요 위에서 화투와 화투가 제 짝을 만나는 소리다. 짝, 짝. 어머니가 화투를 내려칠 때마다 담요가 품고 있던 먼지들이 화들짝 잠을 깬다.

"후유~우." 부스스 눈뜬 먼지 사이로 어머니의 한숨 소리가 유독 크게 들린다.

위장약으로 혼자 속을 다스리던 아버지는 결국 말기암 통보를 받았다. 어쩌면 자식들의 무심함이 병을 키운 셈이다. 병원에서 할 처방은 다했다는 의사의 최후통첩에 아버지는 집으로 거처를 옮겨야 했다. 남은 시간을 알코올 내 나는 병실에 감금시키지 않겠다는 어머니의 고집도 있었지만, 우리 역시 인적 없는 간이역처럼 썰렁한 병실에서 절망을 희망이라 우길 자신이 없었다.

석 달의 시간이 주어졌다. 기력은 썰물처럼 빠르게 빠져나갔다. 그때부터 처방전은 어머니 몫이었다. 어머니는 하루라도 더 살릴 수 있다는 희망의 처방을 스스로 내렸다. 현미, 통밀, 마즙을 기본으로 우유, 콩, 생과일주스까지 부엌의 전권을 다시 휘두르기 시작했다. 하지만 그것은 지푸라기라도 잡겠다는 악착일 뿐, 아버지는 눈꺼풀마저 닫아 버렸다. 통증과 통증 사이의 간격도 점점 좁혀졌다. 통증이 아버지를 깨워 준 덕분에 잠시 잠깐 안도하는 순간도 있었지만 희망은 절망의 저점을 향해 곤두박질치고 있었다. 언제 어떻게 아버지의 마지막 순간을 맞닥뜨리게 될지 모르는 상황이었다. 자식들은 순번을 정해 아버지의 곁을 지키기로 했다.

있는 대로 코를 빠뜨리고 앉은 내가 안쓰러워 보였을까. 어머니가 화투를 제안했다. 가지 않는 시간을 화투로 물타기 하겠다는 뜻이다. 하지만 선뜻 화투를 내올 수는 없다. 화투는 부르면 안 될 아버지의 다른 이름이었고, 되뇌면 별안간 딸꾹질로 나타나는 기억의 통증이었기 때문이다.

아버지 목궤짝에는 몇 안 되는 당신의 흔적이 저장되어 있다. 유효기간 지난 장부와 영수증들, 기침을 다스리는 약봉지와 화투가 전부라 해도 과언이 아니다. 아버지에게 화투가 노름의 동의어는 아니었지만, 그렇다고 번듯하게 드러낼 만한 꺼리도 아닌지라 늘 굳건한 자물쇠가 채워진 궤짝 속에 정체를 감추고 있었다.

생물학적 기능은 하면서 사십여 년을 벌이 없이 살아온 아버지다. 이념에 휩쓸려 당한 매타작과 전쟁 부상은 멀쩡한 허우대만 남긴 채 아버지에게서 노동을 앗아갔다. 노동력을 상실한 아버지는 겨우살이 처지였고, 곳간을 채우고 자식에게 든든한 뒷배가 되어준 것은 당연히 어머니였다.

아버지는 햇살이 신작로쪽 동창을 넘어오면 집을 나서 곤 했다. 여느 아버지처럼 도시락 가방을 들고 어디든 나서야 한다는 강박감 때문인지도 모른다. 하지만 어머니가 갯가로 장사를 떠나고, 큰 애들이 각각의 교실로 사라지면 슬그머니 집으로 돌아왔을 수도 있다. 그때부터 아버지는 빈집을 떠도는 유령 같은 외로움을 상대로 패뜨기 화투를 시작했으리라. 그러다가 놀 거리가 없어 심심해진 여섯 살 아들을 앉히고 화투의 숫자와 짝 맞추는 법을 가르치는 것으로 시간을 죽이기도 했다.

그즈음 동네에 경로당이 생겼다. 어쩌다 어머니가 집에 머무는 날이면, 종종 싸움이 벌어졌다. 이유는 뻔했다. 채 오십도 안 된 아버지가 경로당에 머리를 드밀었던 것이다. 역할을 다해 낡고 귀빠진 정물 같은 노인들이 지난날을 되새김하는 경로당에서 화투란 누구도 범할 수 없는 놀이였다. 약간의 승부욕을 자극하기 위해 뺏고 뺏기는 동전은 재미를 더해주는 양념일 뿐.

화투로 운수패를 뜨며 아랫목을 지키던 아버지. 외로움을 상대로 수없이 펴고 개켰던 화투와의 교감은 경로당의 굼뜬 노인들 앞에서 빛을 발했다. 익숙한 손놀림으로 판돈을 쓸었으니. 아버지는 동전도 모으면 작은 태산이 된다는 사실을 그때 간파했을 것이다. 대개는 경로당이 파할 쯤 짜장면이나 막걸리로 개평을 대신하지만 아버지는 예외였다. 어르신네 눈총 따윈 아랑곳없이 그날그날의 전리품은 아버지 쌈지에서 나오지를 않았다. 종일품을 판다 한들 얼마나 모을까마는 온 동네 지청구를 귓등으로 흘리며 집으로 돌아오는 아버지를 대하는 날은 화투에 불이라도 지르고 싶었다. 가끔 일말의 연민이 원망의 문고리를 흔들기도 했지만, 그마저 도리질 치며 모질게 떨쳐내 버렸다. 상실한 노동을 천형이라 여기며 무기력하게 현실과 타협하는 아버지를 부정하고 싶었다.

어머니 끗발에 밀려 연신 지루한 하품을 뱉을 즈음 햇살이 물러간다. 조금 전부터 아버지의 기척을 살피던 어머니께서 불쑥 봉투 하나를 발아래 던져 놓는다.

"아부지가 니 주라더라."

유독 가시 많던 아들 앞에 던져진 200만 원 남짓의 유산, 아버지 통장이다.

통장은 희망과 절망이 동시에 매겨지는 삶의 성적표다. 그 성적은 대개 거래 내역보다 잔액의 과다로 정해진다. 처음부터 차변(출금)이 없고 대변(입금)만으로 채워진 아버지의 통장은 분명 'A학점'이었다. 스스로 사용금지 자물쇠를 채워 놓은 듯, 한 번 들어간 돈은 종신형의 수감자 신세나 마찬가지였다. 경로당에서 획득한 동전과 꼬깃꼬깃한 지폐의 전리품이 고스란히 통장으로 직행했던가 보다. 아마 아버지에게 통장은 상실한 가장을 대신해 주는 든든한 언덕이었을 게다. 그 언덕을 쌓고 또 쌓은 것이 화투였던 셈이다. 그것은 상대를 불문하고 세상에 맞장뜨는 아버지만의 도구였고, 지위고하도 가장의 무기력도 따지지 않는다고 생각했으리라.

통장은 그 무렵에 만들어진 듯했다. 허방다리를 짚듯 살아온 삶이 통장을 만든 후 하루하루 심지를 돋우었기 때문이다. 아버지는 화투로 꿈을 꾸었다. 꿈으로 통장의 대변을 채우고 차변엔 자물쇠를 꽁꽁 채우는….

아버지는 지금 고향 뒷산 돌밭을 일구던 젊은 날을 여행하고 있는지도 모른다. 이윽고 아득한 전생에까지 다다른 것일까. 잠든 듯 아버지가 편해 보인다. 눈을 뜨고 의식이 돌아오면 기억의 향내가 사라져 전생이 송두리째 마비될까 저리도 깨어나지 않는 것인가. 겨우 실낱 같은 들숨날숨만이 아직도 아버지가 살아 숨쉬고 있음을 말한다.

통증이 또 찾아오나 보다. 고작 화투의 꿈으로 사내구실, 애비구실, 남편구실을 하리라 꿈꾸었던 아버지의 얼굴이 일그러진다.

나는 담요를 걷고 급히 모르핀 주사기를 찾는다. 생기라곤 찾을 수 없는 깡마른 얼굴의 골 깊은 주름 사이로 약효가 스미는지 찡그린 이마가 펴진다. 진통제 약효가 떨어지기 전에 차라리 동화 같은 꿈속에서 평온한 안식을 맞으시길 바란다. 다시 세상에 소풍 오실 때는 당당한 내 아버지로 오시라 기원하며….

어둠이 거실 불빛 속으로 흔적 없이 소멸되듯 아버지의 꿈도 서서히 촉을 내려놓는다. 어머니는 염주를 굴리며 알아들을 수 없는 기도문을 외는 중이다.

잊힐 권리

"띠리링~."

 달콤한 새벽잠을 두드려 깨우는 알람 소리에 벌떡 몸을 일으킨다. 예전 같았으면 이불을 둘둘 말아 감은 채 시곗바늘을 붙들고 늘어졌을 게다. 그러나 몸에서 보내오는 이상 신호를 무시할 수 없는 나이라 알람에 의지해서라도 야심차게 새벽 운동을 시작한 참이다. 찌그러진 운동화 뒤축처럼 몰골이야 험악하지만 게으름을 떨어내고 집을 나선다.

손에는 어김없이 스마트폰이 들려 있다. 깨어 있는 동안, 폰이 내 손을 떠나 있는 시간이 얼마나 될까 싶어 피식 웃음이 난다. 16 : 9 크기의 창(窓)은 알람 등 기능 설정에서부터 실시간으로 쏟아지는 세상 소식을 한눈에 쏙 들어오게 하는 최적의 비율이란다. 밤새 내 폰에 쌓인 메일, 카페의 댓글, 대기 표시의 카톡 메시지, 무엇보다 꼰대 취급 당하지 않으려고 시작한 페이스북을 창으로 호출하여 꼼꼼히 검색에 들어간다.

왼손에 든 텀블러의 물을 마시면서 오른손으론 스마트폰 창을 스크롤하는 것이 꽤 익숙하다. 더구나 '일일만보' 목표를 위해 쉼 없이 걸으면서도 폰과 나의 소통은 멈추지 않는다. 나의 지적 성숙에 득 될 게 전혀 없는 광고 메일, 좌냐 우냐 선택을 강요하는 시사 정보는 어김없이 휴지통으로 들어가고 엄지를 세운 '좋아요'를 습관적으로 눌러 주면 지난밤과의 소통은 대개 끝이 난다. 그 와중에 갑자기 눈이 한 지점에 꽂힌 듯 멈춘다.

'오늘은 ○○○님의 생일입니다. 축하의 마음을 전해보세요!'

이큐EQ 수준이 나랑 비슷하여 마음이 많이 가던 친구였다. 한때는 세상 소풍도 비슷하게 끝내리라 생각했는데, 창졸간에 떠난 지 육 년이 넘었다. 헌데 올해도 페이스북을 통해 녀석의 생일 메시지를 받는다. 첫해에는 그저 녀석을 회상할 수 있어 반갑기도 했지만, 해를 거듭할수록 녀석의 메시지는 나를 황망하게 했다. 기일忌日보다 생일에 녀석을 추모해야 하는 기이한 그림이 몇 년째 그려졌다. 어느 해엔 납골당의 사진 앞에서 말라붙은 눈물샘을 억지로 건드려 녀석과 만난 적도 있다. 그것은 축하도 추모도 아닌 작위적으로라도 인연의 여백을 메우라는 법원의 판결문 같았다. 이쯤 되면 내 속내는 친구를 잊고 싶은지도 모른다.

집행을 앞에 둔 사형수는 죽음보다 훗날 자신의 악행이 '잊히지' 않는 기록으로 남는 것을 가장 두려워할지도 모른다. 대개는 사랑했던 가족과 지인들에게서 잊히는 것을 훨씬 두려워한다. 그래서 비석에다 이름을 새기고 기일마다 정성껏 상을 차려 회상의 시간을 갖는 것을 사자死者에 대한 도리라고 생각하는지도 모른다. 신분에 따라서는 책으로 흔적을 남겨 '잊힐' 걱정일랑 없는 사람도 있지만…. 시간이 지나면 누구나 기억은 희미해지고 마침내 '잊힌' 존재가 된다. 문제는 네이버 등과 같은 포털사이트와 카카오톡, 페이스북 같은 SNS의 글과 사진, 무엇보다 가입할 때 빠짐없이 적어 낸 개인 정보는 본인의 인증이 없으면 영원히 인터넷 세상에서 떠돌게 된다는 것이다. 육년째 전해지는 친구의 생일 메시지가 그 증거가 아닐까.

  몇 년 전 독일 헌법재판소에서 의미 있는 판결 하나가 나왔다. 38년 전 살인을 저지른 혐의로 유죄 판결을 받은 A씨가 인터넷 검색 결과로 나오는 기사 등에서 자신의 이름을 지워 달라고 제기한 소송에서 재판관은 A씨의 손을 들어줬다. 대중의 알 권리와 언론의 자유가 개인의 정보 보호와 상충되는 현실에서 치열한 논쟁이 이어질 것으로 보인다. 반면에 트위터에서는 정반대의 일이 벌어졌다. 6개월 이상 로그인하지 않은 계정들을 삭제하겠다고 밝혔다가 이용자들의 반발에 부딪힌 것이다. 이 경우 사망한 이용자의 계정도 삭제되는데, 고인의 가족이나 친구들이 트위터에 남은 망자의 기록을 영영 잃는 것에 반발한 것이다.

  나이에 비해 많은 커뮤니티 활동을 해 온 내 미래가 궁금

했다. 그동안 여러 군데 카페 활동도 하고, 개인 SNS를 동원해 소소한 일상사와 관심사 등을 글로 혹은 사진으로 지인들과 소통을 해왔다. 메일함엔 비밀스런 편지도 저장되어 있고, 클라우드엔 들키면 안 될 자료들이 보관되어 있다. 부지불식간에 내가 세상에서 사라진다면, 인터넷 속의 내 흔적은 누가 지워줄까, 라는 생각에 이르면 소름이 끼친다. 나는 때가 되면 사람들에게 잊히는 존재가 되고 싶기 때문이다. 반신반의하면서도 내가 '인터넷 장의사'와 사후에 내 흔적을 지우는 계약을 맺었던 이유다.

인터넷 장의사는 고인이 생전에 남긴 게시글, 동영상, 댓글 등 다양한 자료를 깨끗하게 정리해 주는 신종 직업이다. 인터넷에서 흔적 찾기란 어렵고 힘든 과정이므로 유족이 일일이 해낼 수가 없다. 무엇보다 고인의 개인 정보는 인터넷에 남아 있으면 많은 해커들의 표적이 되어 문제를 일으킨다. 이럴 경우 고인은 영원히 잊히지 않는 악동으로 남을 것이다.

친구도 아무런 준비 없이 가족들과 이별을 했다. 살아생전 녀석의 삶을 내가 낱낱이 알 수는 없다. 인터넷에서의 궤적은 더더욱 모르지만 이참에 녀석의 아들에게 기별을 넣어 볼 참이다. 인터넷 속의 흔적을 '아버지를 기억하는 자식의 방식'이라고 고집한다면 모를까 아버지도 '잊힐 권리'가 있음을 말하려 한다.

노래처럼 말해요

오랜만에 만난 사람 사이에는 반가움의 깊이가 서로 다를 때가 있다. 단절의 간극이 십 년 단위를 넘어서면 재회의 끝에는 공연히 만났다는 쓸쓸한 후회가 밀려오기도 한다. 한동네에 탯줄을 묻은 동무이거나 중고등 사춘기를 공유했던 친구를 수십 년 만에 만나게 될 때는 오랜 시간 각자가 살아온 삶을 알지 못하니 공감보다 난감할 때가 더 많다.

천둥벌거숭이로 여름 갯가를 활보하던 불알친구라면 긴

공백의 서먹함이 덜할지도 모른다. 나와 그들의 유년은 수식어를 덜어낸 동화 같은 시간이었기 때문이다. 하지만 사춘기 시절의 친구와 재회할 때면 기억의 밑바닥에 놓인 모난 돌부리 하나가 되살아나 언제나 곤혹스러움이 앞섰다.

H를 만났을 때가 그랬다. 중고등학교 동창인 그는 대학을 달리하면서 자연스럽게 잊힌 인연이었다. 졸업 후 어느 통신사에 입사하여 국제부 기자로 잘 지낸다는 소문이 내가 알던 그의 전부였다. H가 정년퇴직을 했다며 동창회 커뮤니티를 통해 소식을 전했을 때 첫사랑을 재회한 듯 잠시 설레기도 했다. 하지만 다시 만난 우리에게 반가움과 설렘은 그야말로 잠깐에 불과했다.

"우리가 얼굴 마주한 지 사십 년이 넘었지? 자네는 나잇살만 빼면 그때 그대롤세."

H 역시 세월의 흔적만 소거하면 변한 건 없었기에 우리는 의례적인 안부를 묻고 흔한 덕담을 나누었다. 하지만 그 자리가 한순간에 얼어붙은 건 H의 말 때문이었다.

"근데 자네, 이제 말을 더듬지 않구먼, 그려?"

열다섯 그때 나는 심한 말더듬이였다. '벙어리 삼룡이'가

중학 시절의 내 별명일 정도였으니…. 입은 낱말들로 가득했지만 말이 되어 나오지 않아 침묵하던 나에겐 꽤 적합한 호칭이었다. H의 기억에 남아 있는 나는, 선생님께 호명되었지만 국어책의 '소나기'를 한 줄도 읽지 못하고 고개만 숙인 '벙어리 삼룡이'일 뿐이었다. 수십 년 만의 만남이 난감함으로 변하는 순간이었다.

뒷산 너머 해가 뜨고 온 동네가 하루의 시작으로 벅적거릴 때면 늘 바라던 소원이 하나 있었다. '오늘은 말을 할 일이 없도록 해주세요.' 하지만 수업 종이 울리고 선생님의 지휘봉이 교실을 몇 번 휘젓고 나면 그 소원은 어김없이 산산이 부서지고 말았다. 선생님의 눈을 애써 피하며 고개 돌린 나에게 지휘봉은 정확히 꽂혔고 내 이름은 천둥소리처럼 크게 들렸다.

창을 통해 들어오는 햇살 속엔 반짝이는 먼지들이 이리저리 부유하고 있었지만 그것은 내 눈에만 보이는 것 같았다. 모든 아이들의 관심은 말없이 책을 들고 선 나를 향해 있었다. 그들의 얼굴은 호기심으로 가득했다. 이후에 일어날 흥미진진한 상황을 숨죽인 채 기다리고 있었다. 열리지 않는 입 때문에 내가 얼마나 겁을 먹었고 선생님은 또 그런 나를 어떻게 처리할까, 그게 전부였다. 뭔가 말하려 해도 입은 꼼짝도 하지 않았다. 내 입속에는 출구를 찾지 못한 소나기의 단어들이 홍수가 되어 휘돌고 있었지만 그런 건 아무도 관심이 없었다.

최근에 《강물처럼 말해요》라는 책을 읽었다. 캐나다 시인 조던 스콧이 쓴 그림책으로 어린이를 위한, 시詩처럼 꾸민 책이다. 스콧은 말이 나오지 않아 울고 싶을 때, 아버지가 일깨워준 방식으로 '강물처럼 말을 한다'고 했다. 그도 나처럼 심한 말더듬이라 학교를 가는 게 싫었고 아이들의 시선이 늘 힘들었을 것이다.

> 소나무의 스-가 입안에 뿌리를
> 내리며 혀와 뒤엉켜 버려요.
> 까마귀의 끄-는 목구멍 안쪽에
> 딱 달라붙어요.
> 달의 드-는 마법처럼
> 내 입술을 지워 버려요.

나는 그저 웅얼거릴 수밖에 없어요. (중략)

스콧의 아버지는 그를 강으로 데려가서 물거품을 일으키고, 굽이치고, 소용돌이치며 부딪혀 흐르는 강물을 보게 했다. 그러면 스콧은 빠른 물살 너머의 잔잔한 강물을 떠올리고 물결이 부드럽게 일렁이며 반짝거리는 모습도 그려 보았다. 아버지는 그게 강물이 더듬거리는 것이라고 했다. 스콧은 매끄럽고 유창하게 말하는 게 꿈이었지만 강물과 대화하면서 유창하다는 것에 대해 달리 생각하게 되었다고 한다. 오히려 이렇게 되묻기도 했다.

"여러분이 말하는 방식에 잠시 귀 기울여 보세요. 어떻게 들리나요? 말하는 느낌에 집중해 보세요. 어떤가요? 단어가 몸속 어디에서 느껴지나요? 멈추거나 머뭇거리지 않고 말하나요? 얼마나 자주 실수하고 단어를 잊어버리나요? 아니면 단어를 고르는 데 어려움을 느끼나요? 가끔 말하기 꺼려질 때가 있나요? 가끔 그 어떤 말도 하고 싶지 않을 때가 있나요? 그래서 나는 강물처럼 말하기로 했어요."

스콧은 다른 방식으로 말하는 자신을 그렇게 설명했지

만 열다섯 무렵의 나는 그리 철학적이지 못하였기에 나만의 방식과 노력으로 극복해야 했다. 나도 책을 읽거나 말을 할 때면 단어가 입천장에 달라붙은 듯 첫 단어부터 나오질 않았다.

학교에서 발표를 망쳐 하루가 우울해지면 집에서 멀리 떨어진 갯가 바위를 찾아 바다에 화풀이를 하곤 했다. 그러면서 파도 소리에 위로를 받았고 결국 그곳에서 몇 가지 방도를 찾을 수 있었다. 바다를 향해 혼자 말하는 게 머쓱해지면 아무 노래나 흥얼거리기도 했는데, 노래를 부르면 스콧이 힘들어 했던 스-, 끄-, 드-의 단어가 주저 없이 입 밖으로 나오는 것이었다. 노래처럼 운율을 실어 말한다면 그럭저럭 말은 할 수 있을 것 같았다. 그때부터 내게는 뜻도 없는 가사의 노래를 혼자 흥얼거리는 버릇이 생겼다.

책을 읽을 때도 소리에 고저高低를 실어보았다. 물론 H를 비롯한 아이들 앞에서 낭독 아닌 낭송처럼 책을 읽을 수는 없었지만, 스콧이 강물처럼 말하듯 나는 노래하듯 말하는 법을 조금씩 알아가고 있었다. 그리고 겁없이 나간 교내 웅변대회에서 입상을 한 것은 반전의 시작이었다.

아직도 나는 말을 더듬곤 한다. 입천장에 붙어 떨어지지 않는 특정 단어에 음≣과 약간의 몸동작을 얹으면 무난히 말은 시작된다. 유창한 편은 아니지만 사람들은 나를 더 이상 말더듬이라고 생각하지 않는 듯하다. 나는 노래하듯 말한다. 하지만 이상할 것도 없다. 따지고 보면 살아가는 방법도 다들 제각각이지 않은가. 그리고 살아온 궤적 깊숙한 곳에 저마다 이런 비밀 하나쯤은 간직하고 있지 않은가.

亡魚鶴里메가리 神位

서너 평 크기의 전시장 공기가 섬뜩하다. 亡魚鶴里메가리 神位(망어학리메가리신위). 지방紙榜 문구를 빌려온 전시제목이 도발적이고, 걸려있는 사진들도 그만큼이나 괴이하다. 관람자들은 저마다 심각한 표정으로 작품을 뜯어보며 작가의 의도를 가늠하고 있다. 전시를 둘러보는 동안 나는 기묘한 제사 행위보다도 메가리란 놈 자체에 자꾸 마음이 쓰였다.

전갱이 새끼의 다른 이름인 메가리는 낚시꾼에게 입질부

터 천대 받는 어종이다. 일단 미끼를 물기 시작하면 고구마 넝쿨처럼 주렁주렁 떼 지어 달려드는 흔해빠진 놈들이라 그렇고, 심심파적 방파제에 나갔다가 손맛에 취해 한가득 낚아 올려놓으면 그다음 처리가 또 문제라 그렇다. 그 자잘한 것들은 일일이 챙기고 다듬기란 보통 성가신 일이 아니다. 그래서 일껏 잡아놓고는 이미 배를 뒤집고 죽은 놈들을 바다에 쏟아버리거나 남에게 선심 쓰듯 넘겨버리기가 일쑤다.

전시작들은 메가리를 사실적으로 카메라에 담은 것이 아니라 컴퓨터 프로그램으로 여러 이미지를 합성한 것이다. 작품들을 둘러보다가 한 사진 앞에 걸음을 멈춘다. 亡魚鶴里메가리神位라고 쓰인 지방이 수면에 비스듬히 박혀 있고, 그 옆엔 거의 박제가 된 메가리 한 마리가 바다로 떨어지고 있다. 하찮은 미물이라도 생명은 존중되어야 한다는 애틋한 진심이 박제가 되어 곤두박질하고 있는 것 같다. 작가는 사진 속 해변에 극락왕생을 발원하는 스님과 신도들을 배치하여 메가리를 위로하고 있다.

올해로 4회를 맞이한 부산국제사진제에 단골로 참여하

고 있는 작가는 몸을 자유롭게 쓰기에 불편한 장애를 갖고 있다. 그럼에도 오랫동안 의료전문직에 종사하면서 사진 작업을 병행해온 그는 특히 세상의 낮은 자들에 대한 공감이 각별하다. 노숙자의 일상을 긴 시간에 걸쳐 포착한 그의 다큐멘터리 작업은 사람들의 비상한 관심을 모은 바 있다. 그런데 언제부턴가 방향을 바꾸더니 컴퓨터 프로그램의 힘을 빌려 상상력과 창의력을 확장시키는 데 몰두하기 시작했다.

아무래도 바다에 박힌 그 지방의 문구가 가슴 언저리에 걸려버린 것 같다. 전시장을 나와서도 내내 마음이 스산하다.

顯考學生府君神位(현고학생부군신위). 31년 전 작고한 아버지의 지방을 쓰는 일이 이제 내 손을 떠났다. 그렇다고 그동안 명절 차례상이나 제사상에 올리는 지방을 내가 마련했다는 얘기는 전혀 아니다. 사실 오래전 작은 형님이 앞서고 올해 큰형님이 뒤따라 세상을 떠나는 바람에 셋째 아들이면서 제주가 되어버린 나는 처음이자 마지막으로 딱 한 번 지방을 써보았을 뿐이다. 그처럼 잠시 스쳐간 그 일이 태풍이 할퀴고 간 도랑가처럼 내 속을 진창으로 만들어 버렸다.

 지방은 조상의 위패를 대신하는 것으로 제사를 지낼 때 임시로 종이에 적어 고인을 모시는 의미로 사용된다. '현고학생부군신위'는 '배우는 학생으로 일생을 살다 돌아가신 아버지의 신령이시여 나타나서 자리에 임하소서'라는 뜻이란다. 현顯은 나타난다는 뜻이며, 고考는 아버지 부父와 같은 뜻으로서 생전에는 부父라 하고 사후에는 고考라 한단다. 생전에 관직이 있었으면 관직 이름을 쓰고, 없었으면 학생學生이라고 쓴다. 부군府君은 어진 군자 혹은 돌아가신 조상을 높여 부르는 말이며, 신위神位는 신령의 자리를 말한다.

 지방 쓰기가 내 몫으로 돌아왔을 때 처음으로 그 문구들을 뜯어보게 되었다. 기껏 여덟 글자 한 줄인데도 복잡하고 성가시다. 만약 형님들이 계셨다면 늘 보던 제사상의 소품 정도로 여기고 말았을 것이다. 다섯 형제 가운데 중간이라면 매사 그냥 묻어가기에 안성맞춤인 자리가 아닌가. 하나같이 삶의 질곡이 무거워 맏이의 역할을 제대로 감당하지 못한 형님들이지만, 그래도 당신들이 계실 때는 어쨌거나 첫째도 둘째도 아닌 셋째라는 익명의 자리가 내 몫이었다.

 아버지의 제사상을 물린 후 형제들과 조카들을 불러 모았다. 그리고는 이제 아버지 위패를 절에 모시자는 제안을 불쑥 내놓았다. 큰형님이 세상을 떠나 제사가 늘었는데 조카들이 할아버지 제사까지 맡는 부담은 덜어주어야 하지 않겠냐는 것이 명분이었다. 조카들의 사정을 사려 깊게 헤아리는 것 같은 허울을 둘러썼으나 사실은 조상의 제사를 내 어깨에 얹기가 두려워서 궁리한 얄팍한 술수였다. 속셈이 그쯤이란 걸 다들 왜 알아차리지 못하겠는가. 얼굴이 화끈거렸지만 이왕 뱉은 말이었다. 뜻하지 않은 제안에 충격을 받은 노모는 예상대로 버럭 화부터 내셨다. 하지만 결국 혼자 사는 자식의 형편을 무시하지는 못하겠다는 말로 내 제안을 받아 주셨다.

 아버지의 거처는 가까운 사찰로 정했다. 모시는 기간은 30년이고, 설과 추석 명절, 그리고 음력 9월 9일에 합동제사를 지내는 게 전부란다. 첫 추석을 맞아 지낸 제사는 디지털 시대답게 진행에 막힘이 없고 매끄러웠다. 하지만 절을 나설 때 그곳에 무언가 중요한 것을 두고 오는 기분이었다. 이제 더 이상 '현고학생부군신위'를 내 손으로 쓸 기회는 없다.

부산의 동쪽 바다 속 물길을 쏜살같이 가르던 메가리는 아름다웠을 것이다. 아직 작지만 충분히 푸른 등과 빛나는 비늘, 이제 갓 돋은 옆구리의 가시를 뽐내며 거친 물속에서도 마음껏 자유로웠을 것이다. 기억도 나지 않지만 내게도 아마 그런 때가 있었을 것이다. 푸른 물고기들과 떼를 이루어 세상이 내 것인 양 달리다가 눈앞에 어른거리는 무언가를 남들을 따라 덥석 물어버린 그 순간까지는.

그 후로는 그저 나락이었다. 바늘이 가득 달린 낚시채비에 주렁주렁 달린 메가리가 나뿐이 아니라고 해서 질곡이 가벼워지지는 않았다. 첫째도 둘째도 셋째도 저마다 오롯이 자기 몫의 운명을 감당해야만 했다. 가혹한 운명에 잘못 걸려든 이들 가운데에도 혼신의 발버둥으로 매서운 바늘을 떨어내고 푸른 바다로 돌아간 경우도 적지 않다. '망어학리메가리신위'의 작가만 해도 장애를 극복하고 전문직에 종사하며 사진작가로서도 세상에 이름을 알리고 있지 않은가. 그런데 나는 내 차례가 된 지방 쓰기조차 버거워하고 있다. 어디서부터 무엇이 잘못된 것일까.

아직도 간간이 푸른 바다의 꿈을 꾼다. 꿈속에서도 비늘을 쏴아 스치고 지나가는 바닷물의 비릿한 소금기가 생생하게 느껴진다. 내 꿈만은 아직 박제가 되지 않고 부산 앞바다 물길 속에서 출렁이고 있음이 분명하다. 그대여 그러니 청컨대, 아직 내 꿈에는 '망亡' 자를 붙여 지방을 쓰시지 말아 달라.

금禁줄을 넘다

벼르던 아이스케키를 드디어 성공했다. 그 일 때문인지 아이가 이튿날부터 학교에 오지 않았다. 하루에 서넛씩 결석을 해도 그러려니 하던 때니 한 명쯤 보이지 않는다고 달라질 건 없는 교실분위기였지만 나에겐 큰 걱정이었다.

잔주름 치마를 입고 철봉 근처에서 고무줄놀이를 하고 있던 아이에게 나는 말보다 행동으로 내 속을 보여주었다. 그리곤 뒤도 돌아보지 않고 교실로 도망쳤다. 그동안 숱하게 머릿속을 뱅뱅거리던 엉큼한 마음이 실제로 드러난 것이 오히려 나를 편하게 했다. 교실에 숨어 운동장을 살폈더니 아이는 쪼그려 앉은 채 머리를 묻곤 한참을 울고 있었다.

그 일은 복도에서 한 시간 벌을 받는 것으로 마무리되나 싶었다. 하지만 아이가 사흘째 나타나지 않으면서 점점 불길한 생각이 들었고 다시는 아는 척도 하지 않을 것 같았다. 그런 마음을 읽은 선생님께서 나를 붙들곤 아이 집 방문을 나섰다.

학교에서 두 시간 이상 걸리는 먼 거리인지라 선생님의 걸음이 가볍지는 않았다. 목적지 '용호농장'이 가까울수록 내 걸음도 무거워졌다. 하지만 길을 안다는 것은 고작 농장 입구의 보리밭까지일 뿐, 알고 보면 그 이상은 나도 초행이나 마찬가지였다.

아이의 집은 농장 안에 있었다. 그곳은 양성 나환자들이 소록도로 떠나고 세상에 섞이지 못하는 음성 환자들이 터전을 잡으면서 시작되었다. 오륙도 너머 오가는 배들의 뱃고동 소리가 이웃이었고, 깊은 밤엔 해안을 덮쳤다 돌아가는 파도 소리만이 조근조근 말을 걸어주는 외로움의 성지 같은 곳이었다. 무엇보다 안과 밖의 경계엔 그들이 아닌 바깥 사람들에 의해 금(禁)줄이 쳐져 있었다.

아이가 언제 우리 학교에 왔는지는 잘 알지 못했다. 용호농장에서 따로 세운 보육원에서 학교에 다닌다는 것이 내가 아는 전부였다. 보육원 아이들은 자기들끼리만 어울려 다니며 다른 아이들과는 잘 섞이질 않았다. 하지만 그 아이는 말수는 적었지만 바깥 세상이 보육원 아이들에게 갖는 경계심 따윈 상관없다는 듯 늘 당당했다.

농장 표지판이 보였다.

능선을 오르면 농장까지는 넓은 보리밭이었다. 보통 시골의 보리밭과는 달랐다. 주인의 손이 닿지 않은 듯 밭에는 보리가 제멋대로 자라고 있었다. 먹거리를 얻기 위해서라기보다 바깥세상과 구분 짓는 금(禁)줄의 역할이 더 맞는 말이었다. 능선 아래의 바다는 눈에 꽤 익었지만 보리밭 너머는 한 번도 가보질 못했다.

능선을 넘어서니 농장이 나타났다. 나는 선생님의 손을 잡았다. 선생님도 긴장을 하셨는지 내 손을 꽉 잡았다. 마을은 돼지와 닭들의 분뇨 냄새로 숨이 멎을 지경이었다. 집들은 수용소 같았고 크기는 엇비슷했다. 그 속에서 그 아이의 집을 찾는다는 게 쉬운 일은 아니었다.

겉보기와 달리 집안은 정갈했다. 배앓이로 며칠째 누워 있다는 아이는 선생님과 나를 보곤 화들짝 자리에서 일어났다. 선생님과 말을 나눌 땐 바닥으로 고개 숙인 아이가 내 눈과 마주칠 땐 애써 나를 피하지 않았다.

무엇보다 처음 만난 아이의 부모는 모습이 흉측스러웠다. 뭉뚝뭉뚝한 손은 장갑으로 가렸고, 눈썹은 면도칼로 민 듯 듬성듬성 몇 올만 남아 있었다. 한쪽이 일그러진 입술로는 말이 새어 나오는 것 같았다. 손님치레로 나온 먹을거리에는 도저히 손을 댈 수 없었다. 결국 어색한 방 공기를 견디지 못하고 나는 밖으로 나와 버렸다.

아이가 뒤를 따라 나왔다. 우선 분뇨 냄새 가득한 마을을 벗어나고 싶었다. 아이도 내 낌새를 알았다는 듯 능선을 오르기 시작했다. 농장 뒤 보리밭에 이를 때까지 아이는 말이 없었고 나는 심장에 박동기를 단 듯 가슴이 쿵쿵거려 잠시 숨을 참아야 했다. '출입금지' 따위의 눈에 띄는 경고는 없었지만 금禁줄 속으로 아이와 함께 들어간다는 것은 정체를 알 수 없는 홍미로운 일이 생길 것 같았다. 마치 고무줄놀이를 하고 있던 아이 주변을 어슬렁거리며 적절한 기회를 노리던 그때 같았다. 황조롱이 한 마리가 오륙도 등대섬에서 유영하듯 날아와 내 머리 위를 빙빙 돌았다. 보리밭 어딘가에서 들쥐를 찾은 듯했다.

  나보다 앞서 걸으며 보리 수염을 쓰다듬는 아이의 모습에서 한 폭의 그림이 떠올랐다. 보리밭엔 얼씬도 말라던 동네 어른들의 경고는 공연히 지어낸 말 같았다. 아이가 보릿대에서 뽑은 보릿잎으로 풀피리를 불기 시작했다. 둘 사이의 어색함을 덜어내려는 것이었을 게다. 마땅히 놀 거리는 없고 온통 보리뿐이니 그럴 수도 있겠단 생각이 들었다. 삐리릭삐리릭, 풀피리 소리가 제법 가락을 타는 듯했다.

  반쯤 쓰러져 있던 보릿대 하나가 바지 틈 사이로 들어왔다. 하지만 깔깔한 보리 수염이 내 사타구니를 찔러도 아프다는 소리를 낼 수 없었다. 며칠 전 들켜버린 내 행동 탓에 보리 수염 따위에 남자가 스스로 바지를 내릴 수는 없었기 때문이다.

  바다에서 불어오는 바람이 보릿대를 훑고 지날 때마다

보리밭은 출렁거리며 일제히 군무를 추곤 했다. 덩달아 포수가 사냥매를 부르는 소리 같은, 바람의 노래 소리가 뒤를 따랐다.

"야, 이제 가자."

선생님의 부르는 소리에 화들짝 정신이 들었다.

"너 왜 그날 나에게 아이스케키를 했니?"

급히 발길을 돌리는데 그 아이가 물었다. 하지만 농장을 떠날 때까지 시원한 대답은 하지 못했다. 그게 못내 아쉬웠지만 아이도 학교로 돌아온 후 더 이상 묻지 않았다. 내가 금禁줄을 넘은 것도, 거기에서 풀피리 소리와 바람의 노래를 들은 것은 그 아이 덕이었는데 다시는 금禁줄을 넘을 기회는 오지 않았다. 학교를 졸업한 후 더 이상 아이의 소식을 들을 수 없었기 때문이다.

누구는 그 아이가 선생님이 되었다고 하고, 농장 안의 하나뿐인 병원에서 간호사로 일을 한다고도 했다. 간혹 나는 눈부시게 아름답던 그 봄날을 불러온다. 그리고 켜켜이 쌓인 묵은 먼지를 털어낸다.

한참 후 농장은 해체되고 고층 아파트촌으로 변했다. 농장 사람들도 뿔뿔이 흩어졌다. 물론 보리밭도, 그 바람의 노래도 농장과 함께 사라졌다. 변하지 않은 건 병풍처럼 버티고 선 오륙도 등대섬뿐이었다.

3부

따배기

온도계가 또 최고점을 경신했다. 한풀 꺾일 만도 하건만, 태양의 기세는 세상 전부를 태울 듯 나날이 등등하다. 달포 이상 이어지는 열대야는 종내 입맛까지 잃게 만든다.

폭서를 핑계 삼아 지인 몇몇을 꼬드겨 보양의 길을 나선다. 태양의 횡포를 피해 찾아든 곳이 근처의 밤나무 숲이다. 그곳에 내 오랜 단골 식당인 '밤나무집'이 있다. 추어탕 하나로 근동에서 이름이 자자한 곳이다. 밥 때가 지난 탓에 평소보다는 한산하지만, 뜨거운 추어탕에 코를 박고 앉은 이들이 심심찮게 보인다. 그들도 폭염과 맞서기 위해 이열치열의 전법을 동원하나 보다.

"와우! 저기 보소. 묘기다, 묘기!"

도우미 아주머니가 4인분 상을 통째 머리에 이고 오는 모습을 보고 일행은 일제히 탄성을 지른다. 기본 찬에 뜨거운 탕까지 갖추갖추 차려 낸 커다란 교자상을 위태하게 이고 나르는 모습은 아찔한 줄타기를 보는 듯 오금이 저린다. 주방과 멀찍이 떨어진 숲속 가건물에 손님방이 있어 아예 상을 차려서 내어오는 집이라 흔히 볼 수 있는 진풍경이기는 하다.

객客들의 기대를 저버리지 않겠다는 듯, 그녀는 한 치의 흔들림도 없이 종종걸음으로 다가와 단숨에 상을 내려놓는다. 일행은 신비한 묘기를 연출한 그녀와, 뚝딱 차려진 상에 번갈아 시선을 꽂느라 여념이 없다.

"맛있게 드세요."

극히 건조한 한마디를 남기고 돌아서는 그녀의 머리에서 둥글게 말린 수건 하나가 툭 떨어진다. 따배기다.

뱀이 동심원 그리듯 또아리를 트는 모양을 닮았다고 해

서 생겨난 이름, 똬리다. 경상도에서는 '따배기'라 부르는 물건이다. 원래 똬리는 짚이나 새끼로 틀을 잡고 왕골껍질로 겉을 감싼 터라 둥글며 납작하다. 하지만 수건을 둘둘 말아 즉석에서 만들어 쓰는 경우가 더 많다. 도구로서의 따배기는 보잘 것 없지만 삶의 방편으로서의 따배기는 왕골만큼 생명력이 질기다.

우리 가족이 고향을 떠나 스며든 곳은 도시의 변방이었다. 행정 구역으로는 분명 도시지만, 가진 것도 배운 것도 없는 사람들이 터를 잡은 후줄근한 갯가였다. 그들은 대개 하루를 쉬면 하루는 굶을 만치 각다분한 삶을 살았다. 아침이면 너나없이 가난의 흔적들이 살비듬처럼 지분거리는 길을 밟고 밥을 벌기 위해 집을 나서곤 했다. 어머니도 그중 하나였다. 그때부터였을 게다. 어머니의 삶에 따배기가 주연으로 등장한 것이. 따배기라야 언제나 나달거리는 수건이었지만 큼지막한 대야와 더불어 생존의 각축장에 임하는 방패요, 창이었다.

어머니의 일터는 붕장어 배들이 몸을 푸는 선창이었다. 선창에는 수많은 따배기들이 입항할 배를 기다리며 마른

침을 삼키고 있었다. 먼 바다에서 조업의 1차전을 치른 어선들이 선창에 닻을 내리면 따배기들의 2차전이 시작되었다. 질퍽한 비린내가 등천하는 선창을 뒤져 굵고 싱싱한 붕장어를 선점하면 2차전의 승자가 된다. 그러나 그것은 또 다른 시작일 뿐이었다. 다부지게 감아 만든 따배기 위에 묵직해진 대야를 얹은 채 시내 곳곳에 표시된 자신들만의 영역에서 본격적인 전쟁을 치러야 했다.

하루치의 성적표는 대야가 어머니의 머리에서 내려 온 후에야 매겨졌다. 재수가 좋아 일찌감치 떨이를 한 날은 따배기를 풀어 온몸에 밴 비린내를 툴툴 털어내는 소리가 삽짝을 울렸다. 내가 잠들 때까지 돌아오지 않거나 적잖게 재고까지 떠안은 날은 뭉텅뭉텅 내려놓는 한숨 소리가 어머니보다 먼저 집안을 들어서곤 했다. 그런 밤에는 가장 평안해야 할 꿈자리에서마저 따배기를 내려놓지 못했는지 어머니는 뒤척일 때마다 끙끙 앓는 소리를 내었다.

비빌 언덕, 기댈 누군가가 있다는 것은 삶의 무게가 아무리 버겁더라도 결국은 그 무게를 나눌 수 있다는 뜻이다. 하지만 신은 유독 당신에게 야박했다. 지아비는 병치레로 늘 자리보전을 했고, 고만고만한 자식들은 세근머리를 기대하기에 너무 어렸다. 설상가상 수숫대처럼 커가는 자식들은 갖가지 구실로 어머니에게 무게를 보태기만 했다. 결국 어머니는 가장 아닌 가장의 짐을 단 한 번도 내려놓지 못하였다. 그런 헌신 덕분에 우리는 남루한 집이나마 문패를 걸었고, 번듯하게 가방끈도 늘려 잡을 수 있었지만….

역도에서 바벨을 단번에 머리 위로 들어 올리고 일어서는 방식을 인상引上이라고 한다. 어머니가 무거운 대야를 머리에 올리던 동작이 역도의 인상과 흡사하다는 생각을 종종 했다. 역도 선수는 종료를 알리는 벨소리와 함께 바벨을 바닥에 던지면 경기 끝이지만, 어머니에겐 아무도 '이제 그만 내리세요'라는 말을 해주지 않았.

따배기가 어머니 머리에서 내려온 것은 큰형님이 취직을 하고부터였다. 비로소 어머니에게도 기댈 누군가가 생겼다는 뜻이다. 이미 등은 활처럼 휘어져버린 후였지만, 더 이상 당신이 버겁게 감당해야 할 무게는 없을 것이라 믿었다. 하지만 짐이 조금 덜어졌을 뿐 당신의 삶에서 따배기는 영원히 내려놓지 못하는 무엇이었나 보다.

가정도, 자식도 내 몸 하나마저 건사하지 못한 채 꽁지 빠진 몰골이 되었을 때 나를 다시 품어준 것은 어머니였다. 주변의 연배들은 남은 세월을 자식과 함께 낙낙한 마무리를 하는데, 나는 떠도는 짐이 되어 당신의 삶에 무게로 얹혀 버렸다.

추레한 자식을 바라보는 어머니의 마음을 헤아릴 여유조차 없었다. 도리어, 지난한 시간을 건너온 구순 고개의 어머니를 향해 내 손톱 밑의 가시만 아프다고 비명을 질러댔다. 추운지, 더운지, 밥은 먹었는지, 때로는 그저 무탈한지. 늙수레한 아들의 안위를 챙기느라 동동거리는 모습마저 다 읽은 책장처럼 건성으로 넘겨버렸다. 어느 시구詩句처럼, 어머니는 그래도 되는 존재라 생각했는지도 모른다.

오래전 어머니가 그러했듯 밤나무집 여인은 잽싸게 따배기를 주워 들더니 툴툴 옷자락을 털며 멀어져 간다. 칼칼한 국물 두어 술을 뜨지만 아직도 따배기의 주문에서 벗어나지 못한 어머니가 자꾸만 목에 걸린다. 막 끓여 낸 추어탕보다 더 뜨거운 무엇이 목젖을 타고 오른다.

불효자론論

'불효자는 '옵'니다'

추석 연휴를 앞두고 기상천외한 현수막이 등장했다. 역병의 씨를 품고는 고향집을 찾지 말라는 방역 당국의 경고다. 동시에 병에 취약한 어르신들을 향해 이번 추석엔 손주들의 재롱을 포기하시라고 간곡히 드리는 당부이기도 하다.

가지 마라, 오지 마라, 곳곳에 금줄이 내걸렸다. 기차역보다 국제선 공항이 훨씬 더 북적거렸던 게 명절의 흔한 풍속도였는데, 이번에는 하늘길마저 막혀 버렸다. 이참에 부모님께 밀린 효도나 해보려 해도 '오면 도리어 불효자'라 못을 박는 분위기다. 세상에 불효자 아닌 자식이 없으련만, 드러내 놓고 불효자 노릇만은 피하고 싶은지, 다들 몸을 사리는 모양새다.

 평소 자타공인 불효자인 나는 방역 당국의 처사가 외려 고맙기만 하다. 찔리는 구석이 많은 탓에 스스로 금지의 자물통을 채우는 적이 많았기 때문이다. 명절이랍시고 큰형님 댁에 쭈뼛쭈뼛 얼굴만 내미는 것조차 가능하면 피하고 싶었다. 간다 한들 딱히 손을 보탤 아내도 없거니와 얄팍한 주머니 형편을 드러내기도 싫었다. 적당한 핑곗거리를 찾아 명절을 건너뛰곤 하던 이유다.

 시절이 그렇다 하여 조상님마저 '출입금지'를 통보할 수는 없는 노릇이 아닌가. 예년과 같을 수는 없지만 상은 정성을 다해 갖추 차려야 한다. 자식들의 발이 묶이게 생겼으니 음식 준비가 큰 문제로 남는다. 요즘 유행하는 대행업체를 이용하는 것이 내키지 않는다면 결국 고향을 지키는 어른들이 나서야 할 판이다.

집안의 대소사에서 손을 뗀 형편이지만, 아직도 어머니는 명절 무렵이면 마음이 분주해지는가 보다. 아마도 평생 몸에 밴 습관 때문일 게다. 이번 추석엔 못 오는 며느리들을 대신하여 묵혀 둔 솜씨를 발휘할 생각인지 일찌감치 장보기를 끝내셨단다.

몇 년 전까지만 해도 어머니 손을 거치지 않고서는 명절을 보낼 수 없었다. 장보기를 시작으로 생선을 말리고, 갖가지 나물을 다듬고, 제수용 떡을 맞추고…. 새벽에 끓일 탕국까지 앉혀 놓고 나면 겨우 허리 펼 여유가 생기곤 했다. 자식들과 며느리, 손주와 증손주들의 등장을 기다리는 것도 일이었다. 수시로 삽짝 밖을 기웃거리느라 목이 길어질 정도였으니 그때는 살림 붙는 재미보다 사람 붙는 재미가 더 쏠쏠했을지도 모른다.

며느리들이 속속 도착을 하면서 본격적인 명절 분위기가 만들어진다. 볶고, 굽고, 무치고, 일사천리로 제물이 하나둘 완성되어 간다. 그중 가장 손이 많이 가는 음식은 단연 '전煎'과 '적炙'이다. 전과 적은 집안 여자들의 손을 타야 맛은 물론이요, 때깔도 그럴싸해진다.

'전'은 눈과 코를 유혹하는 부침개다. 생선, 고기, 채소 등을 얇게 썰거나 다져 양념을 한 후 계란옷을 입히고 밀가루를 묻혀 기름에 지진다. 종류도 호박, 동태, 연근, 두부, 그리고 동그랑땡…, 만들자면 끝이 없다. 반면에 '적'은 쇠고기를 양념하여 꼬챙이에 꿰고 불에 굽는 음식이다. 옛날에는 차례상 한가운데에 놓일 만큼 귀한 대접을 받았던 것이 '적'이다. 귀한 만큼 술을 올릴 때마다 즉석에서 구워내느라 진땀 꽤나 흘렸다고 한다. 그야말로 여자들의 적敵이었다고 할까. 어쩌면 대대로 이어지는 명절증후군의 역사가 그곳에서 시작되었는지도 모른다.

  고소한 기름내를 풍기며 둘러앉은 우리집 며느리들은 전과 적을 익히면서 그들만의 수다 삼매에 빠지곤 했다. 대개 아이들 근황이나 살림 투정으로 출발했다가 남편들 험담으로 발전했다. 평소엔 데면데면하여도 이때만은 과한 맞장구를 치며 서로가 한 편임을 과시했다. 시댁 흉을 볼 때는 종일 빈둥대는 남편들의 동태를 살피며 은근히 목소리를 줄였다.

  아내도 그 수다판에선 신이 난 일원이었다. 동서들과 장단을 맞추다가 마지막엔 나를 향해 고집불통 주제에 하는 일마다 실패만 하는 루저loser라며 오래 벼른 한방을 먹이곤 했다. 집에서는 거의 비치지 않던 속내를 그 자리에서는 가감 없이 드러내었다. 오늘이 마지막이란 듯 명절 속의 아내는 묵은 불만을 쏟아냈다. 화가 날수록 입을 다무는 아내였다. 나는 침묵이 가져다주는 억지 평안보다 아내의 솔직한 지청구가 차라리 편했다.

아내와 나는 늘 그런 식이었다. 위기의 순간에 봉착할 때마다 침묵을 택했지만 그것이 더 큰 갈등을 만들어내는 화근이 되곤 했다. 사소한 돌부리만 만나도 서로 탓을 하며 언성을 높였다. 그것이 나와 아내의 소통이었다. 아니, 소통을 가장한 불통이었다.

갈등의 골이 점점 깊어가는 것을 어머니인들 몰랐을까. 명절이면 대문을 들어서는 며느리의 그림자에서부터 배배 꼬인 심사를 읽었을 것이다. 나라고 별반 다를 건 없었다. 종일 꿀 먹은 벙어리가 따로 없었다. 와중에도 아내의 인내심이 폭발해서 간만의 가족모임을 망칠까 봐 끝까지 조마조마했다. 몸은 안방에서 TV를 향해 누웠어도 눈은 아내를 좇아 촉을 세웠고, 그 파장이 주위 사람들을 죄 우울하게 만들었다.

보다 못한 어머니가 나름의 처방을 내리셨다. 며느리들은 전과 적만 맡으라는 것이었다. 시댁이라고 며느리만 고생할 수 없다는 것이 이유였지만 물 위의 기름처럼 겉도는 아내를 위한 배려임을 나는 알았다. 우리집 여자들의 수다판은 그로부터 본격 시작되었던 셈이다.

영화 '82년생 김지영'에는 전통과 현실의 경계에서 서서히 무너져 가는 한 여자가 등장한다. 다큐멘터리 같은 영상 속에는 몸에서 온기가 빠져나가는 아내를 지켜보기만 할 뿐 어떤 해법도 내놓지 못하는 못난 남편이 있다. 주인공의 영혼을 갉아먹는 여러 장면 중에 명절 준비를 하는 시댁 풍경이 압권이다. 영화 속 주인공과 아내의 상황이 똑같은 건 아니지만, 아내와 내게 드리운 그림자가 명절을 전후로 더 짙어진 건 분명했다. 어머니가 애써 마련했던 수다의 장도 이미 마음 깊숙이 뿌리내린 병을 다스릴 만큼 약발 좋은 처방전은 아니었던가 보다.

결국 아내와 나는 처음의 자리로 돌아가 타인이 되었다.

둘이 하나가 되기 위해 그토록 오랜 시간 삐걱거렸건만 어이없게도 헤어짐이라는 단어 앞에서만은 온전히 하나였다. 툴툴 서로를 털어내고 각자도생하자는데 일말의 이견도 없었으니 말이다. 끈 떨어진 연처럼 홀로 펄럭이는 자식을 보는 일이 마뜩찮아서였는지 그 무렵 어머니는 명절 준비에서 손을 놓으셨다. 제수용 통장과 집안 대소사는 큰며느리에게 넘어갔다.

엎친 데 덮친다고, 장손인 형님이 자리보전을 하면서 명절은 눈에 띄게 단출해졌다. 제상에 올릴 음식도 각자 분담해서 조금씩 준비해 오기로 했다. 전과 적으로 모여 앉던 며느리들의 고소한 수다판도 전설처럼 아득해졌다. 그런데 올해는 그마저도 여의치 않게 생겼으니 어머니께서 소매를 걷어 붙이신 모양이다.

역병을 핑계로 불효자를 벗어나려나 싶었는데, 아무리 생각해도 영 개운치가 않다. 아흔 고개를 넘은 어머니께 추석을 맡겨 두고 모르쇠로 일관할 수는 없을 것 같다. 동네 시장표 전과 적이 어머니의 헛헛한 마음을 얼마나 채워 드릴 수 있을지는 모르지만, 지갑을 챙겨 들고 시장으로 향한다.

펄럭펄럭, 동네 입구의 현수막은 여전히 불효자 타령이다.

망부전 상서

"나를 매장하지 마라…."

또 시작하신다. 몹쓸 병으로 자리보전하신 것도 아닌데, 유언이라며 습관처럼 입에 올리시는 말씀이다. 늘 한쪽 귀로 흘려듣는 내가 못 미더운지 오늘은 종이에 펜까지 내밀며 받아쓰라신다. 난감하다.

"유언장은 본인이 직접 써야 효력이 있는 거래요."

순간 어머니의 얼굴에 당혹감이 스친다. 그제야 '아차' 싶다. 당신께서 한글에 서툰 처지임을 깜빡한 것이다. 어머니는 떠듬떠듬 읽고 쓰기는 하지만 받침 있는 글자는 아직도 극복을 못하신다. 상황을 모면한다는 것이 당신의 아픈 곳을 건드려 버린 셈이었다.

"너거 아부지 전쟁 나갔을 때도 위문편지 한 통 못 썼는데 내 손으로 유언장을 써라 하노?"

버럭 내지르는 말씀에 역정이 묻어난다. 기어이 내 손에서 펜을 낚아채곤 돌아앉으신다. 엉거주춤 자세를 잡은 어머니의 손에서 한없이 느린 보폭의 글자들이 태어나고 있다. 흔하지 않은 낯선 풍경이다. 사각사각, 백지를 채워가는 어머니를 등 뒤로 읽으며 문득 엉뚱한 호기심이 생긴다. 당신이 전장의 아버지께 편지를 썼다면 어떤 내용으로 채우셨을까.

여느 아낙처럼 그리움을 앞세워 안부부터 물으셨으리라. 갓 돌을 지난 아이가 아버지를 닮아 간다며 소소한 자식의 성장기로 대부분의 분량을 채웠을지도 모른다. 부디 몸 성히 돌아오라며 눈물 섞인 당부로 마침표를 찍지는 않으셨을까. 그것이 위문편지의 정석일 테니.

하지만 내게 추억되는 어머니를 생각하면, 상상이 되지

않는다. 와병 중인 아버지 대신 가장의 짐을 져야 했던 어머니다. 여섯 자식을 홀로 건사하느라 앞도 뒤도 살필 겨를이 없었다. 살아남아야 했고, 살아남기 위해 억척으로 무장을 해야 했다. 옹이 많은 나무처럼 드세고 투박하기만 하던 어머니의 어디에 여인으로서의 말랑한 감성이 뿌리를 내릴 수 있었으랴. 당연히 한때 세간을 떠들썩하게 만들었던 원이 엄마의 대담한 연서 같은 것은 흉내도 내지 못하셨을 것이기 때문이다.

그러고 보니 어머니도 원이 엄마만큼 애틋한 연서를 쓰신 적이 있었다. 서른 해 전 아버지가 떠나시던 날이었다. 안방에 열두 폭 병풍을 치고 우리는 아버지를 모셨다. 슬픔을 뒤로 하고 격식에 맞춰 아버지를 보내드리는 것이 자식들의 도리였다. 형제들이 모여 장례 절차에 관해 뜻을 모을 때였다. 영정 앞에서 내내 금강경만 읊으시던 어머니가 불쑥 나서셨다.

"염사는 필요 없다. 너희 아부지 몸은 내가 만질 거다. 매 맞아 장독杖毒 오른 흉터며 전쟁 나가 다친 상처 자리…, 아마도 너희 아부지, 평생을 빚쟁이처럼 따라 댕기던 그 징한 것을 남한텐 안 보이고 싶을 거다. 걱정하지 마라, 해 본 적은 없지만 본 적은 많으니까 괜찮다."

  당혹스러웠다. 그러나 당신의 고집을 꺾을 사람은 아무도 없었다. 일방적으로 뜻을 전한 어머니는 휘적휘적 안방으로 향하더니 장롱 깊숙한 곳에서 보퉁이 하나를 꺼내오셨다. 그 속에는 삼베 수의와 염습에 필요한 자잘한 용품들이 가득했다. 그것으로 자식들의 입막음을 하신 어머니는 주섬주섬 보퉁이를 챙겨 아버지를 찾으셨다. 그리곤 염을 끝낼 때까지 한 번도 병풍 밖으로 나오질 않으셨다.

  손톱깎이와 작은 가위를 건네면서 나는 병풍 안을 살필 수 있었다. 언젠가 밟아본 무령왕릉의 전실처럼 그곳은 어둡고 서늘했다. 칙칙한 어둠 속에서도 아버지를 환히 읽으시는 듯 어머니의 손길은 거침이 없었다. 손톱과 발톱을 깎고 머리카락을 다듬으셨다. 아버지께서 병상에 오래 계셨던 탓에 자주 해 오신 일이었지만 그날 어머니의 손길은 어느 때보다도 곡진했다. 손톱 한 조각, 머리카락 한 올도 허투루 다루지 않겠다는 듯 자그마한 오낭주머니에 쓸어 담고 끈으로 단단히 묶으셨다.

물을 들이기 위해 병풍 한켠을 걷었을 때 실오라기 하나 걸치지 않은 아버지가 눈에 들어왔다. 마치 귀잠에라도 빠지신 듯 아버지의 표정은 더없이 무구해 보였다. 불현듯 어머니가 아버지로부터 벗겨낸 것은 옷이 아닐지 모른다는 생각이 들었다. 그것은 삶이라는 이름으로 켜켜이 껴입은 고난의 겉치레와 고통의 생채기 같았다. 그렇지 않고서는 아버지의 잠이 그토록 평안할 수 없는 일이었다.

물수건으로 온몸을 꼼꼼히 닦아 낸 어머니는 말간 아버지의 얼굴을 쓰다듬으며 말문을 여셨다. 들릴 듯 말 듯 목소리는 촉촉하면서도 담담했다. 죽음 앞에서 평생 당신을 펄럭이던 미움이나 원망, 희로애락의 감정마저 가셔진 것일까. 토막토막, 쉼표가 더 많은 문장을 힘겹게 끌고 가는 당신의 모습은 처연하다 못해 눈물겹기까지 했다. 아버지의 귓속으로 물꼬를 튼 어머니의 언어들이 뜨거운 연서였는지 씁쓸한 회한이었는지는 알 수 없었다. 그러나 당신만의 의식은 경건하기 이를 데 없어서 숨소리마저 내 안으로 가두어야 했다.

한동안 정물처럼 앉아 있던 어머니는 솜으로 아버지의

입과 코와 귀를 빈틈없이 막으셨다. 입을 막았다는 것은 이미 아버지의 말씀을 다 들었다는 것이며, 귀를 막았다는 건 더 이상 어머니가 하실 말씀도 없다는 뜻일 테다. 그렇게 입으로 쓰고 귀로 읽어야 하는 어머니의 '망부 전 상서亡夫前上書'는 아버지 몸에 단단히 봉인되었다.

병풍이 걷혔다. 까슬거리는 삼베옷으로 성장을 한 아버지와 달리 어머니는 허깨비 같은 모습으로 주저앉으셨다. 온몸의 기가 다 빠져나가버린 듯 위태해 보였다. 그러나 어느 누구도 당신이 혼신으로 쓰셨던 편지에 대해 묻지 않았다.

"너들 아부지, 젊었을 땐 참 인물 좋았다. 자식에게는 부족했는지 몰라도 내한텐 끝까지 곰살맞았던 거라. 내가 살기가 힘들어 별 지랄용천으로 유세를 부렸던 거지."

아버지께 시선을 꽂은 채 어머니가 중얼거리셨다. 그 말은 자식들을 향한 듯 보였으나 실은 아버지께 드리는 추서追書와도 같은 것이었다. 그 찰나 오랫동안 사탕이라도 머금었던 사람처럼 당신의 입에서 달보드레한 향이 맡아지는 듯했다. 그제야 어머니라는 여인이 보였다. 나무껍질처럼 거칠고 각박해진 모습만이 당신의 전부라 치부를 하고 말았지만, 당신이라고 어찌 촉촉한 연심戀心조차 없었으랴. 감히 어머니를 단언했던 내가 죄송스러워지는 순간이었다.

내가 지난 시간에 묶여 있는 사이 종이가 반 넘어 채워졌다. 받침 잃은 어머니의 글자들이 삐뚤삐뚤 제 길을 가고 있다. 아버지의 무덤을 개장해서 당신과 함께 화장을 하라는 유언장의 한 대목이 완성되고 있는 중이다. 죽어 다시 하나가 되자고, 그때 그날의 편지 속에 약조라도 해 두셨던 것일까. 당신의 의중이 얼마나 확고한지를 보여주려는 듯 어머니의 아귀에 잔뜩 힘이 실린다.

그녀 모산댁

　단단한 채비가 무색하게도 그녀가 금세 걸음을 멈춘다. 집 근처 공원을 고작 두 번 돌았을 뿐인데 더 이상은 버거운 듯하다. 금방이라도 주저앉을 듯 위태위태하다. 신발코를 나란히 하여 나도 그녀의 걸음에 힘을 보태지만, 아들의 호위가 그다지 도움이 안 되는 눈치다.
　길모퉁이의 허름한 벤치가 그녀의 구원 투수다. 짐을 부리듯 무거운 육신을 내려놓고 후유, 길게 숨 한 자락을 쏟는다. 군데군데 막힌 혈관 탓인지 수시로 칼에 베인 듯 아리다며 나에게 다리를 맡긴다. 주무르는 손길에 기름기 빠진 그녀의 다리뼈가 느껴진다. 그녀는 내 어머니, 모산댁이다.

"할머니, 내일 아빠 산소 같이 가실래요?"

그녀가 영양제를 맞아야겠다고 생각한 것은 손녀의 전화 때문이었다. 선산 한편에 한몸으로 누운, 제 엄마 아빠에게 가자는 뜻이다. 고향 뒷산 중턱에 자리한 묘역까지는, 요즘같이 숨이 차고 다리에 기운이 빠지면 엄두를 낼 수가 없다. 이럴 때 최고 보약이 오만 원짜리 영양제다.

자식 앞세운 어미가 무슨 낯으로 그 험한 꼴을 보겠냐며 장례식장은 물론 집밖 출입도 자제했던 모산댁이다. 손녀들이 제 애비의 첫 제사를 지내고 산소를 둘러본다는 차편에 동행키로 한 것은 먼저 떠난 둘째 아들이 아직도 가슴에 체기처럼 얹혀 있기 때문일 것이다.

둘째 며느리는 찔레꽃 노래를 종종 흥얼거렸다. 명절 준비를 할 때면 되새김질하듯 같은 구절을 처량하게 읊어대어 모산댁의 지청구를 듣곤 했다. 찔레꽃 노래가 구슬픈 건 별처럼 슬프고 달처럼 서러운 여자를 노래했기 때문이란다. 모산댁은 며느리를 보낸 후에야 찔레꽃의 꽃말이 고독과 그리움이란 것을 손녀들에게 들었다.

온몸에 퍼진 암을 이기지 못하고 둘째 며느리는 봄비에 찔레꽃 지듯 서른다섯 짧은 삶을 마감했다. 가슴에 멍울이 잡힌다는 것을 알고 병원을 찾았지만 이미 희망의 때를 놓친 후였다. 지푸라기라도 잡겠다며 수술과 방사선치료, 약물치료 등 부질없는 법석만 떤 셈이었다. 결국 모산댁은 혼자 된 아들보다 어미 없이 허둥거릴 어린 손녀들이 눈에 밟혀 재고 따질 겨를도 없이 둘째네로 짐을 옮겨야 했다.

한창 어미 손이 필요한 손녀들이었지만, 먹이고 공부시키는 건 일도 아니었다. 열넷에 시집와서 평생 자리보전한 남편을 대신하며 육 남매를 거뜬히 먹이고 키워내지 않았던가. 막내아들 결혼을 끝으로 오래전에 어미 노릇을 훌훌 내려놓았던 모산댁은 굽은 허리를 곧추세우고 두 번째 어미 노릇을 시작했다. 문제는 둘째 아들이었다. 적당히 세월이 지나면 둘째에게도 새사람이 생길 줄 알았고, 그러면 다시 큰아들네로 들어가리라 했던 것이 결국 스무 해가 넘도록 발목이 잡힌 꼴이었다. 첫 어미 노릇이 어미라는 의무감으로 해낸 것이라면, 칠순 근처에 떠안은 두 번째 어미 노릇에는 난감한 일이 한두 가지가 아니었다.

 고맙게도 손녀들은 매사를 스스로 챙길 만큼 일찍 세근이 들었다. 제 어미와의 작별을 아파할 틈도 없이 할미를 거들고 나섰다. 하지만 애비는 가장의 책임만으로도 늘 바빴으니 어미 대신의 할미가 성에 차기나 했을까. 손녀들의 졸업식은 물론이요, 진학을 위해 만나야 하는 선생님과의 상담은 꿈도 꾸지 못했다. 든 자리는 몰라도 난 자리는 크다고 모산댁은 수시로 며느리의 빈자리를 실감했다. 그럴수록 어미 잃은 손녀들이 안쓰러웠지만, 다행히 큰손 갈일 없이 잘 자라주었다.

 생일이나 어버이날이면 큰아들 집에서는 격식을 차린다고 법석을 떨었다. 그때마다 그녀는 먹은 셈 치자며 손사래를 쳤고, 자식들이 무슨 선물을 해드릴까요 물어 오면 받은 셈 칠 테니 그만큼의 봉투를 원했다. 셈 치고 얻은 봉투는 뒤늦은 어미 노릇에 큰 원군이었다. 그런 요령을 손녀들도 이어갔다. 옷 탐이 나거나 여행을 떠나고 싶을 때 아이들은 사 입은 셈 치거나 다녀온 셈 치곤 했기 때문이다.

속을 들여다보면 두 번째 어미 노릇은 그저 악으로 버틴 셈이다. '여자는 약해도 어미는 힘이 세다'는 말은 언감생심이었다. 어미의 힘은 당대當代 자식에게나 해당하기 때문이다. 자식의 자식, 자식의 손주까지 생긴 그녀는 이미 팔순을 넘어 누군가의 살뜰한 손이 필요한 노인일 따름이었다. 그저 어미 시늉만으로도 힘에 부칠 수밖에 없었다.

미수米壽가 턱밑까지 차올랐을 때, 손녀들은 각각 짝을 찾아 할미 곁을 떠났다. 요즘 애들답잖게 고만고만한 형편의 짝을 만나 모산댁의 짐을 덜어주었다. 비록 부모복은 없었지만, 신랑복은 타고난 것 같아 그녀는 가슴을 쓸어내렸다. 둘째 아들이 제 처 곁으로 떠난 것이 그 무렵이었다.

산중턱까지 난 도로에 차를 세우고 산길을 오르는 손녀들의 걸음이 가벼워 보인다. 오랜만에 제 엄마 아빠를 만난다는 설렘 때문이리라. 큰손서孫壻가 모산댁을 부축하여 뒤를 따른다. 영양제 탓인지 몸도 마음에 뒤지지 않고 거뜬히 산길을 오른다. 길섶엔 매운 겨울을 이기고 꽃 피울 채비를 하는 개망초 투성이다. 한 다발 푸지게 꺾어다가 아들 발치에 놓아 주고 싶지만, 마음뿐이다.

아들 앞에 술 한 잔을 쳐서 놓는다.

"에미랑 잘 사냐? 거기서도 술만 벗하고 사는 건 아니제?"

둘째의 생전 모습을 떠올리며 혼잣말로 주절댄다.

'엄마, 애들 키우느라 고생했어요.'

간간이 불어오는 바람이 아들의 대답인 양 할미꽃처럼 몸을 웅크린 모산댁은 바람 귀를 향해 조근조근 말을 이어 간다.

"이제 나도 힘이 없어. 자네를 붙들고 있을 기력도 시간도 없으니 이쯤에서 훌훌 가시게나."

손녀들이 제 부모의 유택 주위에서 잡초를 뽑는지 떠들썩하다. 그동안 모산댁은 묘역 이곳저곳을 살피고 있다. 주변엔 그녀를 닮은 민들레가 연신 씨방을 터트리는 중이다. 훨훨, 가볍게 몸을 날리는 홀씨를 망연하게 바라고 선 모산댁의 실루엣이 오래된 그림처럼 먹먹해진다.

속續 그녀 모산댁

둘째 아들을 떠나보낸 후 어머니에게는 슬퍼할 겨를조차 허락받지 못했다. 부모는 먼저 간 자식을 가슴에 묻고 산다지만 당신께는 그마저 사치였다. 생때같은 자식을 잃고도 슬픔으로 질펀하게 무너지지 못했던 것은 다시 숙제가 되어버린 셋째 아들, 나 때문이었다.

마음 추스를 틈도 없이 어머니는 집을 알아보러 다니셨다. 방은 두 개면 족하고, 고향 떠나 육십여 년 동안 살아온 동네를 벗어나면 안 된다는 조건이 걸렸다. 방이 셋 이상일 필요가 없다는 건 나의 짐을 덜어주려는 배려였을 것이다. 하지만 오래 살던 동네에서 다시 생활한다는 건 썩 내키지 않는 일이었다. 그럭저럭 타협이 되어 예전 본가本家와 지척인 곳에 살림집이 꾸려졌다.

구순九旬의 구부정한 노모와 환갑의 홀아비 아들. TV 속 '인간극장'에나 어울릴 법한 그림을 연출하며 우리의 동거는 시작되었다. 어머니는 혼자된 아들이 빤한 동네에서 남의 입방아에 오르내리는 게 싫었을 것이다. 경로당은 걸음도 하지 않고 소소한 바깥 출입마저 끊어버린 건 아마도 그 때문이었을 게다. 집에 머무는 시간이 잠잘 때뿐인 나는 사실 사람들 눈에 띌 일이 별로 없었고 또 누가 뭐라 하든 개의치 않았다. 그렇게 몇 년의 시간이 큰 탈 없이 흘렀다.

지난여름, 동네 공원을 지키던 느티나무가 작은 태풍에 허리를 꺾고 넘어졌다. 우리 모자의 산책길에 늘 그늘과 쉼터를 제공하던 나무였다. 어림잡아 백 년은 됨직한 우람한 나무가 고작 서너 시간의 태풍에 무너진 모습을 어머니는 한참 동안 망연하게 바라보고 계셨다.

동면에 드는 겨울철 외에는 무성한 잎들이 늘 출렁이던

듬직한 나무였다. 그러나 꺾여 드러난 속은 수려한 외관과 사뭇 달랐다. 수관으로 보이는 공간 군데군데 주먹이 들어갈 만큼 큰 구멍이 나 있었다. 그렇게 속이 삭아가면서도 숱한 바람에 의연하게 맞서 온 것이었다. 어쩌면 느티나무의 운명은 태풍이 아니었어도 지난여름 거기까지였을지 모른다. 며칠 후 꺾인 잔해가 잘려나가고 그 자리엔 장정 몇이 너끈히 앉아 쉴 만한 그루터기가 남았다.

느티처럼 늘 그곳을 지킬 줄로만 알았던 어머니가 갑자기 자리에 누우셨다. 연세를 생각하면 놀랄 일이 아니긴 했다. 처음엔 복통으로 시작되었다. 오래전 직장암 수술 후 생긴 장 기능 약화로 몇 번 응급실 신세를 진 적이 있었다. 그때처럼 이번에도 숙변宿便 탓일 걸로만 생각했다. 동네 병원의 처방대로 투약과 관장을 병행했지만 결국 구급차에 실려 종합병원 응급실을 찾는 지경에 이르렀다.

어머니께 병원 입원이란 극한의 순간이 아니면 용납될 수 없는 일이었다. 자궁을 들어내야 한다든가 암 덩이가 장을 막아버릴 지경에 이르러서야 수술대에 오를 만큼 병원이라면 손사래부터 치는 고집불통이셨다. 물론 보험공

단의 정기 검진도 이런저런 핑계로 늘 무시했다. 하지만 나이에 비례하여 기력이 급격히 떨어지고 몸을 가눌 수 없는 통증이 전신으로 번지니 이번엔 제대로 된 정밀 검사를 받아들이지 않을 수 없었다. 코로나19로 인한 PCR 검사, 보호자 1인 제한 등 까다로운 입원 절차가 무척 짜증났지만, 담당 의사가 전하는 검사 결과는 그 모두를 덮어 버렸다.

여러 장의 정면, 측면 사진을 화면에 띄워 놓고 의사는 잠시 뜸을 들였다.

"이런 상태로 할머니께서는 여태 어떻게 살았대요? 사진상 흔적으론 상당히 오래된 것 같은데 가족들은 모르고 계셨나요?"

자식이란 놈이 어머니가 이 지경에 이르도록 뭘 했느냐는 의사의 에두른 질책에 고개를 들 수가 없었다. 평소 어머니의 건강을 세심하게 들여다보며 닦고 조이고 기름칠 하지 못한 자식들이 문제였다.

CT 사진에서 특히 충격적이었던 건 요추와 흉추 사이의 뼈 하나가 다른 것에 비해 오분의 일 정도로 납작해져 있는 모습이었다. 아무리 기억을 되짚어보아도 어머니께 왜, 언제 그런 일이 생겼는지를 알 수 없었다. 크든 작든 사고는 있었던 것이고 당신 혼자서 그 고통을 견뎌내셨던 게 분명했다.

이미 기능을 다한 척추. 진통제 주사 외에는 병원에 달리 기대할 것이 없는 터라 어머니를 집으로 모셨다. 급하게 허리 보호대를 해드리니 움직일 때 한결 의지가 된다고 하신다. 누워만 있다가 근력을 잃지 않도록 끊임없이 잔소리를 해대는 한편, 뒤늦게 집안 살림살이에 힘을 보태려는 내가 바빠졌다.

"애비야, 모산에 날 좀 태워다 줄래?"

어머니의 고향 모산 마을을 찾은 건 병원에서 돌아온 날 혼잣말처럼 툭 던지신 한마디 때문이었다. 위안부로 끌려가지 않기 위해 열넷에 도망치듯 원행遠行을 나섰던 것이 마지막이란다. 오래전에 외가마저 그곳을 떠났으니 나에게는 그냥 낯설기만 한 곳이다. 어른들이 '모산댁'이라 부르지 않았다면 어머니 고향이 그곳인 줄도 몰랐을 것이다. 팔십 년 만에 찾은 그곳에서 온전히 남은 무엇을 만날 수 있을까마는, 어머니의 깊은 그리움을 해갈이라도 시켜드리고 싶었다.

  낙동강 둑방 위에 모산댁이 서 있다. 공허한 눈길이 강변을 느리게 훑고 지나간다. 말끔히 정돈된 둔치. 태를 묻은 고향 따위는 이제 다 잊어버리라는 듯 말을 걸어볼 데도 없이 야멸차다. 어머니는 오그라든 육신을 지팡이로 힘겹게 버티고 서 있다. 그녀의 어깨 위로 기운 겨울 볕은 입김만 훅 불어도 날아가 버릴 것 같다. 한참을 그러고 있었지만 무슨 생각을 하시느냐고 물어보지는 않았다.

  돌아오는 내내 어머니는 말이 없었다. 그때 그 시절 그녀 모산댁을 쫓아서 기억의 심연으로 까마득히 가라앉고 있는 것 같았다. 그길로 영영 말문을 닫을 것 같아 더럭 겁이 났다. 어머니를 그만 세상으로 다시 불러오기 위해 괜히 모산의 이것저것을 들추는 내 입이 분주해졌다.

  어머니를 다시 엄마라고 부른다. 세월 탓인지 그 호칭에서는 정겨움보다 회한의 무게가 앞선다. 그건 비만 오면 울어대는 청개구리의 울음소리와 동의어가 아닐까.

  '엄마'라는 단어를 파자破字하면 음운이 모두 울림소리다. 엄마라 부를 때면, 삶에서 자신의 자리만 텅 비어 있는 그녀의 동공洞空을 자음과 모음들이 떠돌며 울어대는 것 같다. 껴입은 세월이 무색하게도 나는 아직 그녀 모산댁의 부재를 견딜 자신이 없다. 그래서 나에게 엄마는 온통 울음이다.

모산댁의 팽나무

　1931년생, 우리나라 나이 계산법으로 아흔둘이다. 의료 기술의 발달로 아흔을 넘겨 장수하는 경우가 드물지 않다지만, 어머니의 긴 노년은 그저 평화롭고 안락한 여생의 의미는 아니었다. 생의 마지막 단락까지도 비껴갈 줄을 모르는 풍상을 온몸으로 새기고 계시는 중이다. 지근에서 목도한 아들일지언정 어찌 아흔 세월의 구절구절을 가벼이 입에 올릴 수 있으랴.
　태평양전쟁이 극으로 치닫던 1944년, 열네 살 소녀는 여섯 살 많은 생면부지의 청년에게 팔리듯 시집가며 고향 모산을 떠났다. 정신대 차출을 피하기 위해 외할아버지가 생각해 낸 유일한 방책이었다. 그로부터 일흔여덟 해. 그동안 어머니 모산댁은 한 번도 고향을 찾지 못했다. 당신은 간단없이 밀려오는 삶의 파도와 맞서느라 그럴 여유가 없었다 치자. 자동차로 고작 한두 시간 거리에 있는 어머니의 고향을 단 한 차례도 함께 다녀오지 못한 아들의 소행은 어떤 변명으로 용서될 수 있을까. 어린 소녀가 구순의 노구를 이끌고서야 지척의 고향을 다시 찾던 날 동행한 아들은 그저 면목이 없을 뿐이었다.

 오래 미룬 숙제를 푼 듯 모산을 다녀온 어머니는 기어이 자리에 누우셨다. 보통의 어머니들이 숙명처럼 자식들을 보듬고 키워낸 시간을 '어미 노릇'이라 부른다면, 지치고 나이 들어 다시 돌아온 아들을 둘이나 거듭 품어내야 했던 모산댁은 그 노릇을 얼추 세 번씩이나 짊어진 셈이다. 마을 어귀를 지키는 당산나무처럼 언제나 그 자리에 그 모습으로 존재하며 상처 입은 자식들을 다독이며 살아오신 세월, 어머니는 그래도 되는 줄 알았다던 어느 시인의 글귀가 왜 이제야 가슴에 와닿는지. 몇 번을 몸져 누워도 모자라지 않는 세월이 당신의 거친 숨결에서 토해져 나올 때마다 가슴이 저릿저릿했다. 그런들 여전히 못난 아들은 곁을 지키는 일 외엔 할 수 있는 것이 없었으니.

하루의 대부분을 침대 위에서 보내던 어머니께 유일한 위로는 TV였다. 자식이랍시고 고작 내가 해드릴 수 있는 건 간간 말벗을 해드리는 정도였다. 건성으로 TV 화면에 눈을 주고 있는 내게 어머니가 힘없이 한마디를 던지셨다.

"애비야, 저거 우리 동네 당산나무 아이가?"

TV 드라마 속에서 낯익은 나무를 보신 모양이었다. 뜻밖에도 모산마을의 팽나무가 거기 등장했다. 어머니는 모로 누워 종일 TV 화면에 시선을 두었지만 다른 생각에 빠져 있는 경우가 많았다. 그런데도 용케 그 나무를 알아본 것이었다.

지난번 어머니의 고향 방문길에 큰 나무 하나를 만난 적이 있었다. 팽나무였다. 남쪽 지방에서 흔히 볼 수 있고 바닷바람이 부는 해안 지역에 특히 거수巨樹가 많이 남아 있다는 그 나무를 경상도에서는 포구나무라고도 부른다. 수령

樹齡이 깊어지면 큼직한 수관을 이루어 풍성한 그늘을 만들어 주는, 예로부터 인간과 친숙한 나무. 오래된 시골 마을 어귀에서 마주치는 아름드리 당산목은 대개 느티나무가 아니면 팽나무다. 해 질 무렵 푸르스름한 어둠 속에서 그 수려한 윤곽을 더욱 선명하게 드러내는 나무 위로 아득히 초승달이라도 걸린 풍경을 보았다면 평생 잊히지 않을 것이다.

고향 마을의 팽나무. 오랜 세월 모산댁의 마음속에 그 커다란 나무가 살고 있었다는 걸 당신의 귀향길에서 처음 알았다. 너른 낙동강변에 자리한 모산 마을 사람들은 그 나무를 아끼고 사랑했단다. 어머니가 스쳐가는 TV의 무수한 장면 가운데 단박 그 나무를 짚어낸 것을 보면, 당신의 팽나무는 팔십 년이 가깝도록 기억 속에서 변함없이 잎을 틔우고 있었던 모양이다.

모산댁 고향의 뚝방 너머 모래밭에선 땅콩 농사가 잘되었다. 비록 수확한 전량이 공출되어 제대로 먹어 볼 수도 없었지만, 땅콩은 그곳 사람들이 매달릴 수밖에 없는 작물이었다. 그들이 땅콩밭으로 가려면 동부 마을 뚝방에 우뚝

선 팽나무를 지나쳐야 했다. 해돋이부터 해넘이까지 쉴 틈 없이 호미를 놀리지만 솥단지는 늘 휑하고, 세상이 어수선할 때면 아무 잘못이 없어도 지레 뿌리가 흔들리는 고단한 목숨. 그런 그들에게 거센 태풍도 무너뜨리지 못하는 둑방의 팽나무는 삶을 의탁할 만한 뒷배였다. 사람들은 나무가 그들을 지켜주고 소망을 이루어주길 간절히 기원하였다. 그래서 모산댁에게도 그 나무는 팽나무가 아니라 당산나무였다.

소학교 구경이라도 시켜 달라며 할아버지께 악다구니를 치고는 울다 잠든 것도 그 나무 아래가 아니었을까. 학교 가는 또래들의 뒷모습이 가맣게 사라질 때까지 지켜보고 섰던 것도 그 그늘이었을 게다. 고향을 떠나던 날 마지막 돌아보았을 때 팽나무의 무성한 잎들이 손 흔들어 안녕을 고하고 있었는지도 모른다. 팽나무 이파리는 느티처럼 날렵하지도 않고 그리 빼어난 구석도 없다. 하지만 숱 짙은 머리처럼 가지마다 빼곡히 매달려서는 마침내 풍성하고 거대한 실루엣을 이루어 낸다. 그 나무는 가지마다 신산^{辛} ^{酸}을 힘겹게 매달았지만 이윽고 바라보매 장렬한 모산댁의 삶을 닮았다.

"제 이름은 똑바로 읽어도 거꾸로 읽어도 우영우입니다."

어머니가 팽나무를 발견한 드라마는 장안의 화제가 된 '이상한 변호사 우영우'였다. 이야기 속에서는 서울 인근 가상의 동네 소덕동 나무지만 실제로는 창원시 의창구 대산면 북부리 동부 마을의 당산목이다. 어머니의 고향집이 있던 모산 마을은 동부 마을과 바로 붙어 있다.

드라마에 멋진 팽나무가 등장하자 사람들은 단박 그 신상을 털어 실제 장소를 알아내었고, 단 한 주일 만에 동부 마을 한적하던 뚝방을 뜨거운 순례지로 둔갑시켰다. 밀려드는 외부 차량으로 작은 시골 마을은 북새통이 되었고, 그곳에 도착하고서도 '우영우 팽나무'까지 접근하려면 줄을 서서 한참 기다려야 하는 진풍경이 연출되었다. 어느 날 드라마에서처럼 그 나무가 천연기념물로 지정된다는 소식이 있더니 몰려든 사람들의 등쌀에 뿌리가 훼손되었다는 걱정스런 뉴스도 들려왔다. 그리고는 이내 그게 사실이 아니라는 뉴스가 또 뒤를 이었다. 대체 뭐가 맞는 얘긴지 좀이 쑤셔 모산 마을을 혼자 다시 찾은 날, 팽나무까지 올라

갈 엄두를 내지 못하고 언덕 위의 인파를 망연히 바라볼 수밖에 없었다. 당장은 아닐지언정 나무의 생육이 어려움에 부닥칠 가능성은 충분해 보였다.

모산의 팽나무가 갑작스런 관심에 시달리고 있을 무렵 모산댁은 요양병원으로 거처를 옮겼다. 고향 마을 당산나무 소식을 혹여 들은 것일까, 어머니는 갑자기 기동을 어려워하셨다. 허리통증이 고질이 된 지 오랜 데다가 구순의 연세이니 따지고 보면 예상 못할 일도 아니었다. 그런데도 철없는 아들은 어머니가 병원에 누우시는 건 막연한 미래의 일일 것이라 생각하고 있었다. 어쩌면 애써 그렇게 믿고 싶었던 것일지도 모른다. 병원에서 잘 요양하고 한고비를 넘기면 어머니는 다시 집으로 돌아오실 수 있을 것인지. 자식들의 바람을 아는지 모산댁은 병실 문을 들어서면서도 아무 표정이 없었다.

냄비처럼 뜨겁게 달구어졌다가도 금세 식어버리는 것이 세상인심이다. 드라마도 끝나고 일찌감치 우영우 팽나무를 다녀온 사람들의 인터넷과 SNS에 앞다투어 사진을 올렸다. 그곳을 찾는 이들의 수도 많이 줄었다고 한다. 시간이 흐르면 팽나무는 사람들의 관심에서 완전히 벗어날 수도 있을 것 같다. 참으로 다행스러운 일이다.

오백 년의 풍상을 오롯이 혼자 견딘 모산의 팽나무는 한때의 법석을 떨쳐내고 변함없이 무성한 잎을 틔워내어야 한다. 꼭 그래야만 한다. 부산 용당의 갯가에서 일흔여덟 해 동안 남편과 자식들을 오롯이 혼자 건사해 낸 모산댁의 안위가 팽나무의 내일과 무관치 않을 것 같아서다.

철없는 아들은 환갑을 넘기고서도 어머니, 그 무량한 그늘의 부재를 견디느라 종일을 두리번거리고 있다.

4부

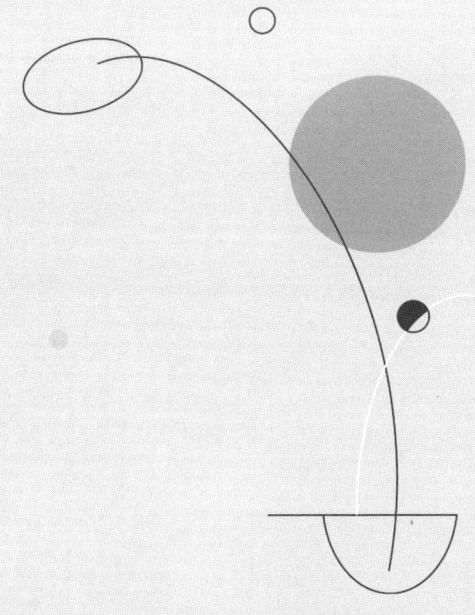

부처님 손바닥

　문학의 여러 장르 중에 하필 수필이냐는 물음엔 나는 명쾌하게 설명하지 못한다. 굳이 어쭙잖은 변명을 하자면, 가까운 제수弟嫂의 부추김에 끌려 인근 대학교의 평생교육원 '수필아카데미'에 수강생으로 등록한 것이 그 연유라 할 것이다. 시작은 솜털처럼 가볍고 미미했지만, 배움의 과정에서 속도가 붙었고 어느 문학상 수상의 결과는 나의 문학적 부족함을 돌아볼 여유마저 잃어버린 꼴이 된 셈이었다.

　나는 타고난 글재才가 부족하기도 하지만 다작多作의 재

능도 없다. 등단 후 수필 전문지에서 원고 청탁이라도 받으면 완성을 위해 몇 날 밤을 새워야 겨우 매조지를 할 수 있을 정도였다. 잡지 관계자와 선배 문인들의 덕담은 오히려 나를 부끄럽게 했다. 문학이론 공부는 물론 탄탄한 습작의 시간마저 부족하니 점점 자존감이 떨어질 찰나에 일면식도 없는 노작가에게서 불쑥 연락이 왔다.

팔순이 넘은 노인네라고 자신을 소개했다. 나의 당황함을 알았는지 노작가는 길게 자신을 설명했는데 '전원일기' 방송작가로 활동했다는 말엔 당황은 당혹으로 바뀌었다. 내 작품을 수필지에서 읽었다며 스토리텔링의 재주가 예사롭지 않음으로 염치없이 연락했노라 했다.

"지금은 펜을 놓은 지 오래지만 방송작가 후배들이 많은 편입니다. 어렵게 생각 마시고 방송 쪽에서 글을 써보실 의향은 없으신지요? 제가 다리를 놓아 드리리다."

노작가의 말을 정리하면, 내 작품은 논픽션의 수필로는 모자란다, 차라리 픽션의 세상으로 창작의 방향을 바꿀 생각은 없느냐는 것이다. 물론 뜨겁던 문학청년의 시기엔 내가 만든 세상에서 이야기가 시작되고 마무리되는 걸 꿈꾼

적도 있었다. 하지만 노작가와 통화를 끝난 후 나는 빈약한 내 수필문학의 속을 들킨 듯하여 어디라도 숨고 싶도록 부끄러웠다. 활자를 빌어 문학이란 옷을 입혀 함부로 세상나들이를 시키면 이런 황당한 처지에 빠질 수 있음을 깨달았다.

  말의 무거움과 글의 사회적 책임에 대해 지금만큼 잘 인식하지 못했을 때, 나는 라디오 방송에 내 글을 응모한 적이 있었다. 그야말로 듣는 이에겐 가벼운 웃음을 제공하고, 대가로 글쓴이에겐 소정의 상품이 제공되는 프로그램이었다. 노작가의 제안을 거절한 후 방송 작가들이 쓰는 글들이 이런 게 아닐까 하는 생각이 불쑥 들었다.

  대학 진학이 유일한 목표였던 고등학교 시절, 삼 년을 껌처럼 붙어다닌 친구가 있었다. 친구들이 그를 김 목사라 할 만큼 신앙이 독실했고 훗날 목사님이 된 친구다. 대개 대학 진학을 했지만, 그는 대학을 포기하고 일찍부터 직장생활을 할 만큼 독특한 녀석이었다. 친구들은 가난한 대학 생활을 하는 형편이니 녀석의 호주머니에 채워진 두툼한 경제적 여유 탓에 우리에겐 호구虎口로 통했다. 그게 사단이었다.

어느 날 월급날이라며 김 목사가 학교로 왔다. 기껏해야 독한 소주로 몸을 데우는 형편인 우리에게 녀석의 등장은 가뭄의 단비였을 것이다. 그것도 월급봉투와 함께라니…. 김 목사는 호기롭게 친구들을 학교 앞 레스토랑으로 안내하곤 친구들의 주린 배속에 맥주를 채워주었다. 홉hop 특유의 짜릿함은 김 목사의 등급 상승과 더불어 온몸을 파고들었다. 그러나 탁자 위에 빈 맥주병이 쌓이는 동안 김 목사가 시계를 들여다보는 횟수가 늘었고, 녀석에게 다음 목적지가 있다는 것을 우리는 간과했다. 아마 누군가는 김 목사의 엉덩이가 들썩거릴 때 녀석이 뺑소니칠 수도 있음을 알았을지도 모르지만. 기어이 그는 친구들의 방심을 틈타 연기처럼 사라져 버렸다.

'여자를 만나러 갔을 것이다. 그럼 그곳이 어딜까?'

'학교와는 멀지만 시내 어디쯤일거야.'

김 목사가 줄행랑을 친 후 술값으로 누군가의 가방이 저당잡혔다. 친구들은 '당했다'는 울분과 함께 어떡하든지 녀석의 연애 현장을 덮치자며 의기투합했다.

"시내보다 나는 녀석이 해운대로 갔으리라 생각한다."

해운대라면 동백섬 자락의 조선비치 호텔뿐이다. 우리는 앞뒤를 재지도 않고 녀석을 잡으러 해운대로 향했다.

아무리 대중의 관심이 최선인 라디오 방송이라 해도 위와 같은 전개는 방송작가의 도움이 없다면 그저 그런 밋밋한 스토리로 끝났을 것이다. 작가의 손을 거친 원고는 전문 MC의 맛깔스런 낭송 덕으로 제법 근사한 스토리로 바뀌는 게 신기했다.

우리의 예감은 적중했다. 녀석은 큰 창 너머 파도가 울렁대는 호텔 커피숍에서 예쁜 아가씨와 정담을 나누고 있었다. 해운대일 거라고 예언한 친구는 녀석과는 다르게 독실한 불자佛子였기에 그때부터 우리는 그를 목사님을 능가한 부처님이라고 부르기로 했다. 친구들의 등장에 녀석은 적잖게 당황했지만, 아가씨 앞에서 굳이 우리를 내치지는 못했다. 나는 비싼 호텔 커피를 난생 처음으로 맛보았다.

그럭저럭 분위기는 익고 석양빛이 잔잔한 수면 위를 흔들고 지날 때쯤, 우리는 해운대 송림松林의 주막으로 자리를 옮겨 제법 많은 소주잔을 기울인 것 같았다. 하지만 예부터 방심은 금물이라 했는데, 녀석은 기어이 또다시 탈출을 감행했다. 결국 어두워진 해운대 바다에서 우리는 헛헛하게 귀가해야 했다.

그때 이미 부처의 경지에 오른 친구가 녀석을 응징하기 위한 마지막 방편을 제안했다.

"범죄 심리학에 죄인은 자신의 범행 현장에 반드시 다시 나타난다."

"모두 송림에 몸을 숨겨라."

올빼미 눈으로 삼십여 분을 감시한 끝은 부처 친구의 승리였다. 김 목사가 친구들이 지금쯤 갔으리란 확인을 하기 위해 주막에 접근한 것이다. 그때부터 김 목사에겐 새로운 놀림거리가 생겼다.

라디오 방송 MC의 똘망똘망한 목소리는 지금도 김 목사의 목회용 재료로 자주 등장한다고 한다.

"목사님은 부처님 손바닥 안에 있습니다."

노작가와의 대화를 통해 비록 이루어지지 못했지만 문학

의 범주엔 다양한 색깔이 있다는 것을 배웠다. 하지만 수필로 시작한 내 문학의 과정도 수필만의 정체성과 색으로 발휘되어야만 수필문학의 빛을 잃지 않는다는 것도 알았다.

누구나 자신의 길을 가는 방법은 제각각이다. 사람들의 모습이 다양하듯 문학의 길도 다르다는 것을 인정하는 것으로부터 수필도 시작된다. 전혀 다른 객체를 나와 비교한다면 얻는 교훈은 상처뿐일 것이다. 그 교훈이란 '목사는 부처님 손바닥 안' 꼴이 되는 것이다.

비상非常을 품다

 이상한 일이다. 전광판에는 분명 고인의 이름 석 자가 있고, 마지막을 배웅하는 후손들 또한 나란히 이름을 올려놓았는데 막상은 가신 이의 육신이 없다니. 주인 없는 집에 객들만 분주한 것 같아서 주뼛거려진다.
 시절이 하 수상해서인지 장례식장의 출입 절차는 꽤 번거롭다. 손소독제와 QR코드 찍기는 기본이고 열화상 카메라엔 드나드는 이들의 체온이 정확히 표시되고 있다. 기계의 허락을 받고서야 한숨을 돌리고 부고 메시지에 찍힌 영

안실을 찾아 들어간다. 방명록에 나를 기록하고 준비한 부의賻儀 봉투를 접수대에 내민다. 다소 의례적이기는 하지만, 오랫동안 몸에 밴 의식인지라 머뭇거릴 이유가 없다. 하지만 익숙함은 딱 여기까지다.

상주가 눈만 빼꼼히 나온 마스크 위로 감사의 티를 낸다. 그리고 빠르게 상황을 설명한다. 미국에 사는 둘째 아들을 만나러 모친이 마지막 생의 여행을 떠났단다. 하필 대륙을 급습한 역병을 피하지 못해 현지에서 돌아가시고, 하늘길이 막혀 졸지에 가빈소를 차리게 되었다는 이야기. 이러하니 술을 치고 재배再拜 드리기는 생략하고 상주와의 인사로 갈음한단다.

미국에서 약소한 장례식을 치렀는데 굳이 부고는 왜 보냈냐는 물음에 어머니의 삶의 터가 이곳이거늘 주위에 모친의 소식을 전하는 것이 자식 된 도리 아니겠냐고 되묻는다. 주변의 좋은 일엔 축하를 하고, 궂은일엔 위로를 나누는 것이 우리네 일상이다. 아무리 시국이 비상하다고 한들 자식들의 슬픔은 천붕天崩만큼 엄중하다는 것이 상주의 결론이었다. 상주의 마음을 깊이 헤아리지 못한 내가 머쓱해진다.

어머니는 하루라도 노인당 출입 도장을 찍지 못하면 사는 맛이 없다고 하신다. 매일 시작과 끝이 노인당이기 때문이다. 그건 오래 전부터 어머니의 일상이었다. 그 일상의 자물쇠가 반 년 만에 풀렸는데, 8월 염천에 다시 닫혀버렸다. 이번에는 까닭을 찬찬히 설명해야 했다. 해방 직후의 호열자를 어머니는 하늘이 내린 최악의 벌이라 생각한다. 먹고 마실 때와 숨쉴 때 전염되는 차이로 호열자와 코로나19를 설명하니 의외로 쉽게 수긍을 하셨다. 조금씩 돌아가던 나의 일상도 봉쇄를 각오해야 한다. 각자가 하나라도 좋은 글 써보자던 수필 글방 모임도 봉사랍시고 빠지지 않았던 시의회 모니터 활동도 다시 촘촘한 거름망으로 걸러내야 한다.

상주의 도리라고 음식상이 차려진다. 먼저 왔던 지인들과 주먹 인사로 반가운 척하지만 서로가 눈치를 살피는 게 역력하다. 누군가가 이미 바이러스를 키우고 있을지도 모른다는 경계를 풀지 않는 것이다. 이럴 땐 자신은 아니라는 확신이 깔려 있다. 다들 차려진 음식에는 관심이 없다. 마스크도 얼굴에서 내려놓질 않는다. 한지붕 아래의 사람 외에는 누구도 믿지 않겠다는 뜬금없는 신념으로 마스크를 쓴 채 서로 안부를 묻고 각자 미래에 대해 불안한 대화를 나눈다.

코로나바이러스 감염증-19(COVID-19), 길고 생소한 이름이 등장한 후 언론은 팬데믹이란 무서운 말로 사람들을 얼어붙게 했다. 눈에 보이질 않으니 불안은 커져갔다. 제일 불안한 것은 그동안 생각 없이 누려왔던 우리의 일상이 한꺼번에 무너진 것이다. 사랑과 슬픔, 화해와 갈등 등의 표현은 비대면이란 명령어 앞에 혼자서 곰삭혀야 했다. 특히 눈에 보이는 것만 믿는 이들에게도 족쇄처럼 마스크가 채워졌다. 몇 달 전까진 적응하기 힘들었던 사회적 거리두기를 이제는 새로운 일상으로 받아들일 때가 된 듯하다. 물론 거리두기를 함으로 경제활동이 힘들어지고, 건강을 챙기거나 영화 한 편을 감상하는 것조차 마스크와 동행해야 하지만, 겨우 반 년 만에 점점 익숙해져 가는 모습은 '호모 사피엔스'의 잠재력을 보는 듯했다.

중세 유럽을 휩쓴 흑사병, 1918년 스페인 독감과 가까이는 홍콩 독감, 2009년 신종플루의 유행까지 수차례의 팬데믹이 지구를 공포로 몰아넣었지만 그때마다 인간은 과학적 처방으로 위기를 극복했다. 거기엔 자신의 목숨을 담보로 끝까지 사투를 벌인 영웅들이 꼭 있었다. 역사는 그들의 땀과 헌신을 망각했지만 코로나19 사태 속에도 그들은 여전히 역병과 맞서며 힘겨운 사투를 벌이는 중이다.

그들의 노력으로 비대면 삶의 방식에 겨우 적응해 가는 와중에 다시 세상이 수렁 속으로 빠지고 있다. 우주복 같은 방역복을 입고 고투하는 의료진과 숨은 확진자를 찾으려 술래잡기를 하는 이 암울한 콘트라스트. 그것은 절망에 앞서 끝까지 싸워야 하는 팬데믹의 두 번째 모습이다. 〈페스트〉의 의사 베르나르 리외Bernard Rieux는 불행과 고통을 더 이상 날카롭게 느끼지 않고 절망에 익숙해지는 것은 절망보다 더 나쁘다고 말한다.

사회적 거리두기와 비대면은 이미 낯선 것이 아니다. 그동안 빠르게 삶의 모습을 바꾸었던 4차 산업혁명, 게임 산업이 글로벌 기업군##에 당당히 이름을 올리고, 드론이 조만간에 택배 아저씨 자리를 대신할 것이란 예상은 현실이 되었다. 공장에는 로봇과 AI가 사람들을 더 이상 모집하지 않을 것이고 전화 한 통이면 문 앞까지 먹거리가 배달되는 요즘이다. 사회적 거리 두기를 외계에서 온 미지의 두려움처럼 호들갑 떨 필요는 없을 듯하다. 나는 인간의 긍정의 힘을 믿는다.

코로나19 백신이 개발된다 한들 막힌 일상으로의 복귀는 요원할 듯하다. 일상은 항상恒常의 다른 말이다. 코로나19 역병이 우리의 통제 안으로 들어오는 동안 지금까지 비상非常했던 마스크 쓰기, 비대면 문화생활, 원격수업 등이 새롭게 일상으로 터를 잡을 것이다. 어느 전문가는 삶의 질이 나아지는 만큼 예측할 수 없는 새로운 팬데믹이 닥칠 수 있다고 한다. 그러나 미리 예단하고 불안할 필요는 없을 것이다. 모든 것이 파괴된 타라Tara에도 '내일은 내일의 태양이 떠오를 것'이란 희망의 노래가 엔딩으로 울려 퍼졌음이니…

짧은 조문의 시간이었지만 상주와의 작별 인사는 빼먹지 않는다. 끝까지 마스크를 벗지 않고 온갖 세상 걱정을 늘어놓으며 우리는 '비상한 상갓집'을 나온다. 이제 아무도 재회를 먼저 약속하진 않는다. 일행들에게 공통된 바람은 하나였다. 하루라도 빨리 일상으로 돌아가서 쌓인 먼지와 스트레스를 한꺼번에 날려버리겠다는 희망.

  나는 이제 일상이 되어가는 비상非常을 새로운 일상으로 품을 채비를 한다.

김 할매 집 고치기

고작 20킬로라지만 생각보다 만만찮다. 그런들 시작부터 요령을 부리면 안 될 일이다. 팔과 다리에 온 힘을 끌어모아 석분石粉 열 포대를 작업반장에게 전달한다. 가쁜 숨을 진정하고자 어깨와 가슴을 펴고 긴 호흡을 하는 찰나, 연달아 다음 지시가 소나기처럼 쏟아진다. 수평자, 흙칼, 전동드릴….

천장과 벽면의 단열 공사는 이미 끝이 났다. 바닥에 석분까지 채우고 나니 화장실이 제법 틀을 잡아간다. 겨우 거드는 시늉을 하는 주제지만, 자원봉사자인 내게도 잠시의 휴식이 허락된다. 눈썰미를 동원하여 다음 공정을 그려 보려 해도 그마저 쉬운 일은 아니다. 아마도 타일 붙이기가 이어지지 않을까. 명령이 떨어지기 전에 타일 박스를 찾아 미리 다음을 준비해 둔다.

'농촌 집 고쳐주기'라는 명목의 사회복지사업에 봉사자로 참여를 한 참이다. 저소득자이면서 독거노인 등의 조건을 갖춘 가정에 무료로 집을 고쳐준다는 사업이다. 처음 이 집을 방문했을 때 달랑 판자 두 쪽이 걸쳐진 화장실은 골동품을 만난 듯 신기했다. 아직도 그런 화장실이 존재한다는 사실이 기이하기조차 했다. 봉사자들의 관심이 화장실로 모였다. 개조보다는 차라리 새로 화장실을 만드는 게 낫겠다고. 결국 작업 방향이 정해졌다.

집주인은 아흔의 김 할매였다. 집의 역사도 수십 년은 된 듯했다. 서까래는 주인의 기력만큼 기운을 잃곤 금방이라도 푸석푸석 떨어질 것 같았다. 지붕을 덮고 있는 슬레이트는 한 번도 손댄 흔적이 없고 곳곳엔 이끼가 주인 노릇을 하고 있었다. 비바람을 막아준다는, 집의 원초적인 기능만 살아 있는 집이었다. 무엇보다 마음을 저리게 하는 건 한겨울 웃풍을 견디지 못해 허드레 조각으로 틈이란 틈을 죄다 막아 버린 것이었다. 하지만 집 전체에 보수의 자국이 없는 것으로 보아 할머니는 독거로 삶의 마지막을 버티는 듯했다.

"아이구 선상님들, 힘들게 만들지 않아도 되니 염천에 기운 빼진 마소."

공사 첫날부터 할머니께서 뱉은 인사치레다.

"내가 얼릉 세상 떠야 할 텐데…. 괜히 공들여 변소 만든다고 누가 거길 들어갈까 싶소."

화장실이 모양을 갖추는 동안 할머니는 말꼬리마다 '어서 세상을 떠야 한다'는 혼잣말을 흘리곤 하셨다.

간간이 찾는 군청의 전담 복지사와 이웃들이 할머니에겐 유일한 벗이요, 가족이었다. 이번 봉사활동도 반쯤 허물어진 아래채에 있는 오래된 뒷간을 보다 못해 전담 복지사가 군청에 신청하여 이루어진 것이란다.

서너 달의 봉사 기간 동안 나는 몇 가지 경험을 했다. 봉사 대상자로 만난 사람이라곤 죄다 '독거'라는 접두사가 붙은 계층이란 게 첫 번째였고, 조금의 관심만 두면 우리 주변에 혼자서 생의 끝자락과 싸우는 이들이 의외로 많다는 게 다음이었다. 그들도 한때는 가족이란 울타리 속에서 웃고 울며 살았던 때가 있었겠지만 문제는 지금은 울타리가 존재하지 않는다는 것이었다. 그들을 접하면서 더러는 그늘지고 칙칙한 삶의 양상에 가슴이 아리기도 했지만 다양한 세상사의 한편을 촉촉한 마음으로 다시 바라보는 기회가 되기도 했다. 아니, 그것은 어쩌면 나 자신의 내일을 미리 보는 작은 단초이기도 했다.

굳이 멀리서 찾을 필요가 없었다. 돌이켜보면 나 자신조차 '독거'라는 옷을 입고 겉으론 태연을 가장하여 살아가는 형편이 아니던가. 이젠 나만큼 주름진 얼굴로 살고 있을 아내와 딸애의 기억 속에 나는 어떤 존재로 자리매김하고 있을지를 생각하면 별안간 소름이 돋을 때가 많다. 그럴 때마다, 전통적인 가족관계 혹은 인간관계를 걷어차 버린 나의 부족하고 못난 이기심이 주범이었다고, 후회도 반성도 아닌 묘한 감정에 사로잡히곤 한다.

얼마 전 일터에서 머리를 다쳤다. 나는 이전으로 돌아가기 위해 그때부터 안간힘을 다해 운동을 시작했다. 집 근처에 있는 작은 공원의 아침은 사람들이 제각각의 방법과 모습으로 심신을 다스리고 있는데 몇 달의 시간 동안 제법 눈인사를 나누는 이들도 생겼다. 하지만 가족 단위가 붐비는 주말을 제외하면 삼분의 이는 나처럼 혼자 운동하는 부류였다. 간혹 준비한 커피를 마시며 그들과 대화를 나눈 끝은 언제나 헛헛한 뒷맛으로 남았다.

몇 년째 살림을 돌보시던 어머니께 나의 사고는 당신을 나락으로 밀어넣은 마른하늘의 날벼락 같은 것이었다. 이미 떠날 준비는 마친 상태라고 입버릇처럼 말하지만 뜻밖의 사고로 심신을 다친 자식의 앞날이 그림처럼 그려지기 때문일 게다. 당신이 떠난 후, 나에게 남은 세상이란 '독거'라는 삶의 연속이 자명하므로.

타일 작업이 끝나고 변기와 세면대, 거울과 장식장이 제자리를 찾았다. 얼추 화장실이 완성되었다. 고수레를 한답시고 할머니를 억지로 변기에 앉혔다. 아흔의 연세지만 남자들뿐인 그곳에선 부끄럽다는 표정이었다. 억지로 화장실로 들어간 할머니가 힘없이 '고수레'를 뱉어냈다. 곧이어

물 내려가는 소리는 기운차게 할머니의 '고수레' 소리를 덮어 버렸다.

자잘한 뒷마무리가 끝날 즈음 할머니가 주전부리 몇 가지를 내어놓았다.

"내가 얼마나 더 살란지 모르는데 이런 호강을 하니 세상이 참 좋아진 건 맞는 것 같소. 내 떠난 후에 이 집에 살 사람이라도 좋은 화장실을 써야 하지 않것소?"

봉사가 끝난 후 연장을 챙겨 일어서자 삽짝까지 따라 나온 할머니는 우리 일행을 향해 하염없이 손을 흔들었다. 하지만 오며가며 며칠이나마 독거를 해제해 준 손님들에게 던지는 마지막 작별의 손인사가 금방이라도 기운을 다할 것 같았다.

〈혼불〉에 넋나가다

　어릴 적 소풍날에는 거의 비가 왔다. 애초에 우리를 골탕 먹일 심산으로 택일을 한 것은 아니었겠지만, 기대와 설렘은 '오늘 소풍은 교실에서 도시락을 까먹는 것으로 대신한다'는 선생님의 일방적 통보로 산산조각 날 때가 많았다. 집안 형편 탓으로 초, 중 시절 수학여행을 가지 못했던 것보다 비가 앗아간 유년의 소풍날이 더 아쉬운 기억으로 남아 있을 정도다.
　마음먹은 일이 잇따라 원하지 않는 방향으로 어긋나는

현상을 '머피의 법칙'이라고 한다. 이 법칙이 까까머리 시절 내 발목에 무시로 족쇄를 채운 놈이다. 소풍날뿐 아니라, 아이들과 내기 축구를 할 때도 태클을 걸곤 했다. 그런 이유로 소위 말하는 디데이D-day는 늘 일말의 불안과 함께 시작되기 일쑤였다.

　문학기행의 목적지를 남원 '혼불문학관'으로 정했을 때도 마찬가지였다. 최명희 문학을 만날 수 있다는 사실 때문에 며칠 전부터 들떠 있었다. 소풍날을 기다리는 초등학생처럼 설레였다. 출발일이 다가올수록 점점 신열이 오르는 증세까지 보였다.

　그러나 애제라. 생각지도 않았던 날씨가 또 훼방을 놓는 것이었다. 새벽부터 세상은 온통 회색 물감으로 도배한 듯 우중충했다. 머피의 덫이 아직도 내 발목을 잡고 있음을 소름과 함께 깨달았다. 그나마 다행인 것은 그때처럼 하늘을 원망할 필요는 물론, '오늘 행사는 우천으로 취소한다'고 선언할 야속한 선생님도 없었다는 것이다. 서른 남짓의 회원들은 아무도 비를 핑계로 연기를 운운하거나 불운不運을 탓하며 투덜대진 않는다. 예정된 시간에 맞춰 버스는 닻을 올리고 바툰 엔진소리를 토해내며 출발을 한다. 비로소 안도의 한숨을 쏟아낸다. 결국 머피의 법칙은 내가 불러온 기우였던 셈이다.

삼사월, 물오른 연록의 잎들은 오뉴월이 되면 짙은 초록 물감을 뿌려 놓은 듯 봄의 절정으로 무르익는다. 차창 밖으로 펼쳐진 지리산의 진록과 창유리에 매달려 긴 속도의 물결 파동을 그려내는 빗방울들, 그들이 어우러져 만드는 풍광이 마치 한편의 대서사시 같다. 사방을 포위한 지리산의 매봉들은 나를 차고 넘치던 얄팍한 치기마저 거둬가 버린다. 고작 한 인간인 나도 그들 속에 한 줄 글이나마 보탤 수 있을는지. 거칠면서도 부드럽고, 급경사로 내지르다가 일순 모태처럼 평온한 평지를 선사하는 산의 파노라마에 잠시 넋을 부린 채 망연해진다.

버스가 속도를 줄이면서 남원이 불쑥 눈으로 들어온다. 혼불문학관이 다가온다는 신호다. 전북 남원시 사매면 노봉 마을에 자리한 혼불문학관은 지나온 여타 문학관처럼 웅장하거나 번잡스럽지 않아 좋다. 두 채의 한옥으로 이루어진 문학관은 유품 전시실과 집필실인 작가의 방, 주제 전시실로 꾸며져 있다. 유품 전시실에는 작가의 사진과 '최명희 혼불'이라 쓴 자필 글씨, 생전에 작가가 사용한 만년필과 잉크병, 꼼꼼하게 정리된 작가의 취재 수첩과 자료집 등이 전시되어 있다. 작가의 생전 모습, 수상 경력, 작가로서의 삶, 그리고 《동아일보》에 연재되었을 때부터 단행본으로 출간되어 지금에 이르기까지 〈혼불〉의 역사가 잘 정돈되어 있는 것이 인상적이다.

문화해설사의 말본새가 예사롭지 않다. 작가의 삶과 문학세계를 설명할 때는 훈련된 해설사라기보다 작가의 현신인 듯 느껴진다. 절로 감정이 이입되어 잔잔하면서도 힘 있게 작가의 삶과 〈혼불〉에 대해 열변을 토한다. 마치 한 편 판소리의 완창을 감상하는 기분이다.

작가의 집필방에는 소설 속 주요 장면을 입체 모형으로 재현한 디오라마diorama 10점과 소설 〈혼불〉을 소개하는 매직비전, 인월댁 베짜기 시설 등이 전시되어 있다. 디오라마는 혼례식, 강모와 강실의 소꿉놀이, 액막이연 날리기, 효원이 보름달을 보고 소원을 빌면서 그 정기를 빨아들이는 흡월吸月, 청암부인 장례식, 춘복이 달맞이 장면 등으로 구성되어 있고, 꽃심관에는 사랑실과 누마루, '소살소살'이 있어 문학관을 찾는 이에게 공부방 혹은 쉼터 역할을 하고 있다. 작가는 평생 만년필로 글을 쓰고, 오타 수정이나 단락을 첨삭할 때 원고지를 폼나게 쭉쭉 찢어버리지 않았다고 한다. 작가의 심성이 해설을 듣는 내 가슴을 뾰족하게 찔러댄다.

해설사는 '혼불'이란 우리 몸안에 있는 불덩어리라고 설명한다. 사람이 제 수명을 다하고 죽기 직전에 몸에서 빠져나간다는 '혼불'은 목숨의 불, 정신의 불이며, 존재의 핵이 되는 불꽃이란다. 이러한 존재의 핵, 우리 민족의 핵, 정신을 찾아가는 과정이 소설 〈혼불〉이라는 대목에서는 해설사의 목소리에 유난히 힘이 실린다.

전全 4부 10권에 달하는 대작 〈혼불〉. 1981년 《동아일보》에 1부가 당선되고, 그 후 7년 2개월 동안 《신동아》에 연재되었을 무렵엔 나는 가슴이 펄펄 끓던 20대 청춘이었다. 왈왈거리던 청춘으론 한 달씩 쪼가리로 연재되던 〈혼불〉을 느긋하게 완독하지를 못했다. 해설사가 〈혼불〉을 완독하신 분 있냐고 물어올 때 쥐구멍에 숨고 싶었던 까닭이었다.

〈혼불〉 10권 중에 한 권도 제대로 읽지 않았음이 또 한편의 부끄러움이었다.

　기념사진은 찍는 둥 마는 둥 하고 혼자 청호 저수지로 나온다. 물이 가득 찬 저수지 수면 위로 분무기로 뿜어낸 듯 실비가 나린다. 〈혼불〉 속에서 청호 저수지는 노봉 마을의 역사를 오랫동안 운명지게 했던 곳이다. 저수지가 마르면 마을은 곳곳에서 '혼불'이 하늘로 떠났다. 금계포란金鷄抱卵 풍수의 핵심인 여자의 자궁에 해당하는 곳이기에 저수지가 마른다는 것은 마을의 씨가 마르고 동네 무논 바닥도 쩍쩍 갈라지며 흉년이 들었다는 것을 뜻한단다. 노봉 마을 뒷산에 제법 우뚝 솟아 청호 저수지와 함께 마을을 지켜 온 노적봉과 벼슬봉은 노봉 마을의 흥망을 묵묵히 말해주는 것 같아 〈혼불〉이 내 머리에 그림으로 그려졌다. 청호 저수지를 따라 오르는 길섶 가로수엔 간간이 뿌리는 실비에 젖은 연등이 흔들리고 있다. 청암 부인은 그때도 이 길을 오르며 노적봉 아래 암자에 연등 하나 걸고 어린 강모의 발복을 기원하였을까.

　내 발목을 잡는 작가의 혼을 뿌리치고 문학관을 나선다.

다시 오겠다는 다짐을 해보지만 실상 언제 다시 올 수 있을지 기약할 수는 없다. 여행의 언저리에 먹거리는 빠질 수 없나 보다. 〈혼불〉의 여운이 가시기 전에 북적거리는 남원 추어탕으로 허기를 채우고 버스는 예정된 서도역에 우리를 쏟아낸다. 하동 북촌역보다 작고 을씨년스런 간이역이다. 물론 기차는 더 이상 오지 않지만 〈혼불〉에서 서도역은 중요한 의미를 지닌다. 서도역에 당도하기 전에 삼거리를 만나는데, 삼거리에서 왼쪽으로 가면 상민과 천민이 살았다는 거멍굴이 나오고, 오른쪽으로 가면 서도역, 노봉 마을이 나온다. 강모의 아내 효원이 순천에서 신행 올 때 내렸던 곳도 서도역이다. 서도역 큰길 녘에 '혼불숭어리들름터'란 간판이 있다. 서도역을 찾는 여행객을 위한 방문자 센터란다. '숭어리'란 수국처럼 열매나 꽃 따위가 모여 달린 큰 덩어리를 말하는데, 〈혼불〉 속에 자주 등장하는 표현이다. 낯선 듯 정겨운 우리말 '숭어리' 때문인지 철길을 배경으로 연신 셔터를 누르는 사람들의 표정이 꽃처럼 환하다.

나는 최명희 작가를 1980년 《중앙일보》 단편소설 신춘

당선작 〈쓰러지는 빛〉으로 처음 접했다. 그리고 이듬해 동아일보에 〈혼불〉 1부가 실리면서 혼이 나간 듯 그녀에게 빠져들기 시작했다. 그녀는 박경리 선생과는 다른 모습으로 내 가슴에 자리한 것이다. 한국 여성의 힘은 웅녀의 동굴에서부터 시작된 것일 게다. 역사의 강줄기가 남성적 가부장 사회를 이어왔지만 이제는 '페미니즘'이란 외래어를 빌리지 않더라도 거역할 수 없는 웅녀의 시대가 펼쳐지는 셈이다. 그 오른쪽에 최명희 〈혼불〉이 우뚝 자리한다는 것이 우리에게는 큰 선물일지도 모를 일이다.

남원 여행은 춘향과 이 도령의 사랑이 볼거리 놀거리 먹거리의 대부분을 차지한다. 하지만 '혼불'에 넋이 나간 나는 춘향 팔이를 이용한 온갖 문화와 시설에서 단호하게 눈길을 거둔다. 굳이 그들이 거들지 않아도 이번 '혼불여행'은 끝까지 나를 설레게 했으니까.

〈향수〉를 찾아서

아직 해가 정체를 드러낼 시간은 아니지만 이미 세상은 해의 등장을 마냥 기다릴 수 없다는 졸갑증으로 가득하다. 대기 중인 버스 유리창에 붙은 '○○수필문학회 문학기행'이란 안내를 따라 버스에 오른다. 부지런한 사람들은 곳곳에 자신만의 터를 닦곤 늦게 도착하는 일행을 맞으며 자리를 안내한다. 점점 빈자리가 채워진다.

'옥천 정지용 생가 탐방'

이번 문학기행의 목적지는 정지용 시인의 생가生家이면서

대청호 최남단에 위치한 충북 옥천이다. 수필로 이어진 단체이지만 누구나 암송하는 명작 '향수鄕愁'가 태어난 곳이라 목적지 선정에 아무런 어려움이 없었다. 하루의 짧은 시간 동안 옥천의 너른 들을 따라 '향수'의 탄생 비화를 캐내기가 힘들기도 하지만 돌아오는 길에서 느낄 뿌듯한 성취감은 글을 쓰는 회원들 모두에게 큰 선물이 될 듯했다.

정지용 생가에 도착하니 서너씩 짝을 이루어 제멋대로 흩어진다. 지용의 생가는 6·25 발발 후 행방이 묘연해진 지용을 나라에서 월북한 것으로 판단하여 그와 관련된 모든 작품과 자료들이 족쇄[禁書]에 채워져 있다가 삼십 년 만에 우리에게 돌아오게 되었다. 그 해금조치 후 정지용을 사랑하는 사람들이 '지용회'를 만들어 지용의 작품세계를 기리게 되었으며 그 이듬해 지용의 생가는 비로소 복원되어 일반에게 공개된 것이라고 쓰여 있었다.

정지용 작품세계를 오랫동안 흠모의 마음으로 분석한 시인 신경림은 자신의 책 《시인을 찾아서》에서 정지용의 시 '인동차忍冬茶'를 간단한 해설과 함께 소개하며 "얼마나 맑고 깨끗하고 높은 삶의 자세인가", "동족상잔의 진흙밭에서 뒹굴기엔 역시 지용은 너무 고고하고 도도한 시인이었다."라며 정지용을 회고하기도 한다.

> 노주인의 장벽障壁에
> 무시로 인동忍冬 삼긴물이 나린다. 자작나무 덩그럭 불이
> 도로피어 붉고
> 구석에 그늘지어
> 무가 순 돋아 파릇하고
> 흙냄새 훈훈히 김도 서리다가
> 바깥 풍설風雪 소리에 잠착하다.
> 산중에 책력冊曆없이
> 삼동三冬이 하이얗다.
>
> 〈인동차忍冬茶〉 중에서

시인 정지용을 말할 때, 누구나 대표작인 〈향수鄕愁〉를 그의 이름보다 먼저 떠올린다. 지용의 문학세계는 등단 배경 혹은 6.25 전쟁 전까지의 활동 내용을 주저리주저리 나열할 필요가 없다고 할 수 있다. 지용의 시에서 가장 많이 등

장하는 정서는 고향의 원형原形을 날 것으로 드러내는 향수일 것이다. 향수란 고향에 대한 단순한 그리움이라고 하지만, 지용에게서 향수의 근원은 상실한 낙원을 회복하고자 하는 소망을 간직하고 있다고 할 수 있다. 이것은 암울하고 비관적인 현실 인식에서 비롯된 것이며, 그리움과 함께 비애의 정조를 띄는 것은 당연하다고 할 수 있다.

〈향수〉의 배경엔 평범한 농촌으로 실개천이 흐르고 얼룩배기 울음을 우는 풍경으로서의 토속적인 농촌 모습이 구체적으로 드러나 있다. 거기에 덧붙여 해체된 가족사에 대한 그리움이 결합된 것이다. 겨울밤에 늙으신 아버지를 등장시켜 짚베개를 돋우어 괴시는 정겨운 모습을 작품 속에 그리고 있다. '질화로, 재, 뷔인 밭, 밤바람 소리' 등의 등장은 〈향수〉 작품이 오늘날까지 잃어버린 고향의 원형으로 평가받는 주요한 소재임을 부인할 수가 없다.

옥천 기행에서 정지용의 흔적을 만난 것이 대단한 소득이라면, 나는 그곳에서 뜻밖의 장소를 만난 것을 지용에 버금가는 소득이라고 감히 말한다.

'부소담악'

산업화의 산물로 생긴 대청호 남단에 접한 옥천의 한적한 자락, 부소담악은 물에 잠길 운명을 거부하며 끝까지 수면 위로 살아남은 곳이다. 그 절경이 금강산을 축소해 놓은 것 같아 우암 송시열 선생이 '소금강'이라 이름 지어 노래했다고 전해오는 명소다. 본래 산이었으나 대청댐 준공으로 산의 일부가 물에 잠겨 마치 물 위에 바위가 떠 있는 형상이 되었다. '한국을 대표할 만한 아름다운 하천 100곳' 중 하나다. 부소담악을 방문하는 여객旅客이라면 부소담악 입구에 위치한 '부소무니' 마을에 지친 여정을 풀어야 한다. 1시간 남짓한 부소담악을 거닐다 보면 이런 문학적 소재가 널린 옥천은 정지용의 옥玉 같은 작품들이 탄생할 수 있는 최적의 장소라는 것을 인정할 수 밖에 없다. 지용의 생가와 부소담악을 거쳐온 사람들의 오늘 밤은 시심詩心으로 가득하게 될 성싶다.

지용의 문학이 30여 년 먼지에 쌓인 채 팽겨쳐진 연유에 대해서는 여러 후설後說이 있지만 전해지는 그의 작품 속으로 한 꺼풀만 들어가면, 이념 혹은 사상의 편가르기는 큰 모순에 빠져 있음을 알게 된다. 작가는 작품으로 말한다고 하지 않던가. 지용의 〈향수〉가 테너 박인수와 가수 이동원에 의해 국민가요로 칭송받는 연유를 우리는 지용의 작품을 통해 인정할 수밖에 없다.

문학회를 연결고리로 찾은 옥천의 정지용 생가와 부소담악의 절경을 한꺼번에 얻은 문학기행의 마무리는 아리도록 슬픈 삶과 옥 같은 명작도 이런 뒷이야기를 간직하고 있다는 깨달음으로 끝내야 했다.

【작품론】

수필의 가족서사는 어떻게 표명되는가

이운경(문학평론가)

1. 가슴에 품은 문학의 불씨

 수필가 김용삼은 수필에 입문한 지 6개월 만에 '신라문학상' 수필 부문 대상을 받는다. 그때 수상작이 〈아버지의 혼불〉이다. 이 작품은 한국 근현대사를 관통하며 힘겨운 생을 살다 간 아버지의 삶과 상흔, 가족사의 그늘을 문학적 문체로 그려낸 수작秀作이다. 지인의 권유로 부산대학교 평생교육원 수필교실에 발을 내디던 작가는 일약 수필계의 스타로 떠오른다. 수상과 실력이 비례하지는 않지만, 작가의 내면에 잠재한 글쓰기 인자가 때를 만나 수면 위로 솟아오른 사건이었다.
 내가 처음으로 주목한 김용삼의 작품은 〈파약破約〉이었다. 《수필미학》(2020년 여름호) 교정지를 넘기던 나는 산사의 종소리처럼 중후하고 깊은 울림을 주는 이 작품에 오래오래 머물렀던 것 같다. 작가의 이름이 낯설었다. 작가가 부산에 살고 있고, 효원수필문학회 회원이라는 정도의 정보를 얻을 수 있었다. '파약'이라는 명사를 확실하게 뇌리에 새겨놓은 채 얼마간의 시간이 흘렀다. 수필집 출간 문제로 김 작가가 경산으로 왔고, 점심을 먹고 차를 마시면서 가벼운 이야기를 나누고 돌아갔다. '파약'의 뒷이야기도 흥미로웠다. '수필미학'에 이 작품이 나간 후 지인이 딸의 소식을 전했다. 대학을 졸업하고 공인회계사가 되었다는 딸에게 아비로서 미안함을 담은 손 편지를 동봉해 '파약'이 실린 잡지도 보냈다고. 아직도 그는 딸의 답장을 기다리는 중이란다.

6남매 중 딱 가운데인 김용삼은 자그마한 키에 여린 감성의 소유자였다. 부산대 정치학과에 입학한 김용삼은 부마사태 당시 운동권의 중심에서 최루탄을 맞으며 거리에서 청춘을 보낸다. 한편으로는 '창작과비평', '실천문학' 등과 같은 문학잡지를 구독하며 문학에 대한 불씨를 가슴에 담아둔다. 모든 혁명가는 로맨티스트라 하듯이, 군사독재에 항거하여 거리로 뛰쳐나간 그도 낭만주의자였던 셈이다. 문학의 속성인 낭만주의에도 혁명성이 내재되어 있으니까. 운동권 학생과 문학은 무연憮然한듯 보이지만, 이상향을 꿈꾼다는 점에서는 교집합의 접점이 있다.

김용삼은 결혼 후에도 소설 습작을 했다고 한다. 남들 몰래 신춘문예 소설 부분에 몇 번 응모했으나 낙방한다. 어느 날, 외출했다 귀가하니 집안이 발칵 뒤집어져 있었다. 책장에 꽂혀 있던 문예지와 소설책은 바닥에 나뒹굴고, 습작 원고지도 내팽개쳐진 채 어지럽게 널려 있었다. 아내는 가장이 돈 벌 궁리는 안 하고 소설 나부랭이나 쓰고 있다며 참았던 화를 폭발시켰다. 예나 지금이나 문학은 밥벌이가 되기 어렵다. 결국 책은 고물상으로, 습작 원고는 쓰레기통으로 들어갔다. 내편이라 여겼던 아내가 문학하는 것을 반대하니 어쩔 수 없었다. 이때 마음을 많이 다친 김용삼은 그 사건으로 문학과 멀어진다.

1980년 한 일간지 신춘문예에 소설을 응모한 후 문학을 까맣게 잊고 살다가 2018년 봄에 운명처럼 수필아카데미에 들어간다. 그해 봄 효원수필문학회에서 남원 '혼불문학관'으로 문학기행을 떠났다. 그때의 설레임을 이렇게 고백한다. "소풍날을 기다리는 초등학생처럼 설레었다. 출발일이 다가올수록 점점 신열이 오르는 증세까지 보였다(〈혼불〉에 넋나가다〉)." 고향을 떠나 객지를 떠돌던 탕자가 꿈에나 그리던 고향으로 돌아오는 심경이 저러할까. 먼 길을 돌아 다시 문학관에 발을 내디딘 자의 기대와 두근거림이 느껴진다. 절실하고 간절했던 귀향歸鄕이 아니었을까.

나는 학창시절 문학에 대한 경험이 있는지 질문을 던졌다.

고등학교 시절 국어 과제물을 내면 선생님께서 "용삼이 너는 다른 표현을 하네."라며 대학에 가서 문학을 공부해 보라고 권했단다. 인생은 인간의 의지와 상관없이 어긋나거나 비껴간다. 정치학과에 들어간 그는 운동권이 되어 데모대에 앞장섰고, 한 손에는 문예지를 쥐고 있었으니 생의 아이러니는 예외 없이 그에게도 맞아떨어진 셈이다. 하지만 항구를 떠난 배는 언젠가 모항母港으로 돌아오기 마련이다. 소설과의 인연은 비껴갔지만 수필계로 돌아온 김용삼의 오랜 꿈은 마침내 활짝 꽃피운다. 척박하고 핍진한 생의 여로를 걸어오면서 가슴 한쪽에 고이 간직해 둔 연서戀書를 꺼내듯이, 작가는 문학에 대한 열망을 활활 불태운다.

모산댁이란 택호로 부르는 어머니의 삶은 한편의 드라마이자 인간정신의 승리다. 수필세계에 발을 내디딘 것도 어머니 모산댁의 한恨 많은 인생을 글로 써보고 싶었기 때문이다. 어머니는 92세로 올봄 요양병원에 들어가셨다. 당신의 6남매를 다 건사하고 한숨 돌리는가 싶었는데, 셋째 며느리의 죽음으로 손녀 둘을 돌보아 성혼시켰다. 마지막으로 중년에 혼자가 된 작가와 동거하다가 더는 육신을 지탱할 수 없어 병원으로 향했다. 김용삼은 어머니께 지은 불효를 사죄하고자 자신의 첫 수필집을 어머니께 바치고 싶다는 소망을 밝혔다. 모산댁 연작 시리즈는 김용삼이 어머니께 바치는 애절한 사모곡이자 가족을 위해 몸이 부서져라 희생한 어머니께 드리는 헌사獻辭이다.

2. 수필과 가족 이야기

 가족은 존재의 근원이면서 정신의 수원지이다. 수필의 주체인 '나'가 잉태하기 이전부터 가족은 있었고, '나'가 지상에서 사라진 이후에도 가족은 지속된다. 그래서 가족은 최초의 역사이면서 최후의 역사가 된다. 그 가족의 역사에서 한 주체인 '나'는 도대체 누구인가, 라는 질문을 던지는 것이 수필이다. 수필이 지속적으로 가족을 호출하는 이유도 여기에 있다. "가족을 가장 자연적이고 본질적인 인간 가치로 등치시키는 구조는 단지 봉건적 이데올로기에 대한 복고적 지향에 의해 형성되는 것은 아니다. 가족은 근대의 '상상력'과 근대 기획의 현실적 작동 방식에서 여전히 주요한 가치 범주이자 상상적 근거로 작동하고 있다. 근대의 구조 속에서 가족은 여전히, 그러나 새롭게 본질적인 가치로 구성되기 때문이다(권명아,《가족 이야기는 어떻게 만들어지는가》, 21쪽)."

  가족에 대한 이중적 감정complex은 기저정서에 자리 잡고 끈질기게 따라온다. 내 존재의 본원이면서 상처와 결핍의 가해자가 가족인 까닭이다. 이런 이중적 모순과 딜레마는 자주 문학의 소재가 된다. 가족소설 혹은 가족드라마가 무한 반복 재생산되듯이 수필에서도 가족 이야기는 마르지 않는 샘물처럼 등장한다. 격동의 근현대사를 거쳐 온 한국의 가족사에서 여성, 즉 어머니는 특별한 위상을 가진다. 가부장적 이데올로기 체제에서의 억압과 부재하거나 무력한 아버지를 대신한 가장의 역할까지 떠맡은 희생과 헌신의 상징적 기표로 고착화한다. '어머니 희생서사'는 한동안 현대수필을 지배하는 강력한 이데올로기로 작동했다. 이런 현상은 일제 강점기와 한국전쟁을 거치면서 여성에게 강요한 가부장 역할의 대행과도 관련이 깊다.

  대체로 수필에서 어머니 이야기는 '어머니 희생서사'를 통한 모성예찬이나 '불효자는 웁니다' 같은 참회록으로 귀결한다. 수필이 중년의 문학임을 상기한다면, 부모에 대한 원초적 죄의식과 자기 구원의 욕망을 어머니로 상징되는 모성회귀를 통해 실현하려는 경향으로 볼 수 있다. 이런 경향은 절대적 의존과 보살핌의 수혜자이면서 상처와 결핍의 가해자라는 가족관계의 이중적 딜레마를 수필 쓰기를 통해 극복하려는 심리적 치유와도 관련이 깊다. 대체로 현대수필은 신성화한 어머니상을 신전에 바치며 자아 해방을 구현한다. 물론 이런 과정이 무의미한 것은 아니다. 수필 쓰기가 가지는 치유적 기능은 가족사에서 입은 상처나 결핍을 메우는 데 유리한 까닭이다. 그런데 김용삼은 어머니 이야기를 다른 방식으로 표명한다. 지금까지 전통의 유산처럼 대물림해온 모성신화를 극복하고, 자기만의 방식으로 어머니의 생애를 기록하고 이야기한다.

이 수필집에는 과반 이상이 어머니 이야기이다. 가히 '모산댁 전기'라 해도 될 정도로 어머니의 생애 전부를 이야기한다. 〈그녀 모산댁〉, 〈속續 그녀 모산댁〉, 〈모산댁의 팽나무〉는 어머니가 주인공으로 등장하는 작품이다. 이밖에도 〈속돌〉, 〈불효자론〉, 〈따배기〉처럼 다른 소재로 쓴 작품에도 어머니가 약방의 감초처럼 등장한다. 아버지 이야기에도 어머니가 자연스럽게 등장한다. 〈아버지의 혼불〉, 〈망부전상서〉, 〈화투의 꿈〉 등에서도 어머니는 당당히 한 자리를 차지한다. 이처럼 어머니 모산댁은 작가에게 종교적 신념 그 이상이다. 눈여겨볼 지점은 어머니를 진술하는 시선과 태도이다. 그는 어머니를 모성신화의 반열에 올리기를 거부한다. 실체적이고 구체적인 사건을 통해 어미로서 동물적 본능을 숨기지 않는 지극히 인간적인 모습(〈눈깔사탕〉)으로 그린다. 요컨대 김용삼 수필에서 어머니는 문학적 방법론을 넘어서서 수필세계를 관통하는 하나의 상징적 기표로 자리매김한다.

김용삼 수필의 중심에는 어머니 모산댁이 자리한다. "생의 마지막 단락까지도 비껴갈 줄 모르는 풍상을 온몸으로 새기고 계시는 중이다. 지근에서 목도한 아들일지언정 어찌 아흔 세월의 구절구절을 가벼이 입에 올릴 수 있으랴(〈모산댁의 팽나무〉)"라며 수필을 쓰는 목적을 분명히 밝힌다. 어머니는 중심 소재이면서 주제이기도하다. 그는 나와의 인터뷰에서도 어머니의 삶을 기록하기 위해서 수필을 썼고, 수필집을 발간한다고 말했다. 작가가 어머니의 삶을 글로 남기려는 또 다른 이유는 아버지를 향했던 미움과 원망의 마음을 내려놓고자 한 것이다. 어머니의 '망부 전 상서'를 통해 아버지를 용서하고 화해하려는 작가의 의도는 성공한 듯싶다. 기억의 재구성을 통해 아버지의 삶을 객관적 시선으로 바라보고 재해석하면서 상처에 매몰된 자아를 해방시킨다. 아버지와의 화해도 어머니라는 거울을 통해 구현한다.

가족 이야기는 수필의 단골 메뉴이다. '나'를 이야기하려면 가족이 빠질 수 없고, 가족이라는 배면을 통해 또 다른 '나'를 발견할 수 있기 때문이다. 김용삼이 집요하게 가족이라는 어두운 우물을 들여다보는 것은 '나'의 근원을 들여다보는 것이다. 이는 자기부정의 존재로서 유년기의 원체험을 되돌려보는 행위이다. 그 우물에는 가족사의 그늘과 얼룩이 자리한다. 깊은 우울의 근원인 아버지, 어머니의 가장 역할로 인한 모성의 결핍은 실존적 한계 상황이다. 주목할 지점은 김용삼의 가족서사가 상상 속의 판타지로 달리거나 육친성의 동질화로 흡수되지 않는다는 점이다. 관찰자로서 객관적 거리를 유지한다. 가족 이야기의 판타지로 어린자아의 상처와 가족사의 아픔을 포장하려는 욕망이 없다. 이런 진정성이 가족서사의 문학성을 높여준다.

3. 어머니를 이야기하는 방식

　김용삼 수필에서 어머니를 중심으로 전개되는 가족 이야기는 몇 가지 특징이 있다. 하나는 삼인칭 서술자의 입장에서 담담하게 어머니의 생애를 이야기한다는 점, 다른 하나는 소설적 기법을 차용하여 서사의 맛을 높인다는 점이다. 그가 젊은 시절 소설가를 꿈꾸며 습작을 했다는 사실은 이와 무관하지 않다. 이런 소설적 기법의 차용은 일인칭 주체를 중심으로 내레이터가 어머니의 일생을 대신 이야기하는 수필의 일반적 문법을 위반하는 것이다. 그가 의도했든 아니든 간에 어머니와의 거리두기를 실천함으로써 독자에게 더 많은 공감의 여백을 마련해준 효과가 발생했다. 관중을 웃기려는 코미디언이 절대로 먼저 웃으면 안 되듯이, 작가는 이 법칙을 인지하고 있다.

　모산댁의 90년 생애사를 한편의 다큐멘터리로 만나는 기분이다. 실재 작가는 "자기 이야기를 감추거나 꾸미는 수필가들이 많다. 그러려면 소설을 쓰지 왜 수필을 쓰는지 의문이다."라며 수필의 진솔함을 제일의 덕목으로 꼽았다. 작가는 어머니를 '그녀' 혹은 '모산댁'이라는 삼인칭으로 부르는 것부터 이런 전략이 스며있다. 어머니의 고향마을 '모산'에서 따온 이 별칭은 가족이 아니라 다른 사람들이 어머니를 부를 때 사용하는 호칭이다. 모성의 바다에 입수하거나 매몰되지 않고 작가는 서술자의 위치에 선다. 그럼에도 김용삼의 어머니 이야기는 어떤 소설보다 더 흥미롭고 감동적이다. 이런 감동은 소설적 기법을 차용한 전략이 주는 효과이기도 하고, 꾸밈없는 진솔함과 진정성이 독자에게 그대로 전이되기 때문이다. 그렇다면 작품 속 화자는 어머니 모산댁의 생애를 어떻게 풀어내는가.

① 온몸에 퍼진 암을 이기지 못하고 둘째 며느리는 봄비에 찔레꽃 지듯 서른다섯 짧은 삶을 마감했다. 가슴에 멍울이 잡힌다는 것을 알고 병원을 찾았지만 이미 희망의 때를 놓친 후였다. 지푸라기라도 잡겠다며 수술과 방사선치료, 약물치료 등, 부질없는 법석만 떤 셈이었다. 결국 모산댁은 혼자 된 아들보다 어미없이 허둥거릴 어린 손녀들이 눈에 밟혀 재고 따질 겨를도 없이 둘째네로 짐을 옮겨야 했다.

– 〈그녀 모산댁〉에서

② 오백 년의 풍상을 오롯이 혼자 견딘 모산의 팽나무는 한때의 법석을 떨쳐내고 변함없이 무성한 잎을 피워내어야 한다. 꼭 그래야만 한다. 부산 용당의 갯가에서 일흔여덟 해 동안 남편과 자식들을 오롯이 혼자 건사해낸 모산댁의 안위가 팽나무의 내일과 무관하지 않을 것 같아서다.

철없는 아들은 환갑을 넘기고서도 어머니, 그 무량한 그늘의 부재를 견디느라 종일 두리번거리고 있다.

- 〈모산댁의 팽나무〉에서

③ 우리 가족이 고향을 떠나 스며든 곳은 도시의 변방이었다. 행정구역으로는 분명 도시지만, 가진 것도 배운 것도 없는 사람들이 터를 잡은 후줄근한 갯가였다. 그들은 대게 하루를 쉬면 하루는 굶을 만치 각다분한 삶을 살았다. 아침이면 너나없이 가난의 흔적들이 살비듬처럼 지분거리는 길을 밟고 밥을 벌기 위해 집을 나서곤 했다. 어머니도 그중 하나였다. 그때부터였을 게다. 어머니의 삶에 따배기가 주연으로 등장한 것이. 따배기라야 언제나 나달거리는 수건이었지만 큼지막한 대야와 더불어 생존의 각축장에 임하는 방패요, 창이었다.

- 〈따배기〉에서

작품 ①은 육 남매를 키운 어머니가 둘째 아들 내외의 죽음으로 다시 어미 노릇으로 돌아가 손녀들을 키운 이야기이다. 자식을 앞세운 참척의 아픔을 겪은 어머니를 바라보는 화자의 시선은 담담하다. 철저히 관찰자의 태도와 시선으로 양육자로서의 어머니를 관찰하고 진술한다. 화자가 직접 내레이터로 나서서 '그녀'의 삶에 대하여 이야기한다. 마치 화면 뒤에서 해설하는 성우처럼. 일인칭 화자가 어떤 인물에 대하여 진술하고 설명하는 태도는 수필의 전통적 방식이다. 이 작품이 다른 수필과 변별력을 가지는 지점은 감정의 통제와 절제이다. 오히려 이런 태도가 독자로 하여금 어머니의 생애에 동화하고 스며들게 하는 효과가 있다.

작품 ②는 어머니의 고향 모산의 팽나무와 구십 평생 모진 세파를 견디며 살아온 모친의 삶을 나란히 배치한다. 자연물에 인간을 빗대어 의미를 부여하는 방식은 일반적인 형상화의 방식이다. 이럴 경우 화자 자신의 심경을 나무에 직접 투사한다. 그런데 이 작품에서 눈여겨 볼 지점은 팽나무와 어머니의 삶을 연결하는 방식이다. '텔레비전에 등장한 팽나무 → 어머니 고향 방문 길에 만난 팽나무 → 모산댁 마음에 자리한 팽나무 → 방문객에게 시달리는 우영우의 팽나무' 등으로 나무의 자리 배치가 다양하다. 실재하는 팽나무는 하나이지만, 작품 속 나무는 문맥 안에서 다양하게 변신한다. 전편에 등장하는 팽나무는 후경後鏡일 뿐이다. 최후의 나무로 등장하는 나무는 "오백 년의 풍상을 오롯이 혼자 견딘 모산댁의 팽나무"이다. 이런 배치 방식은 전경前鏡을 돋보이게 하기 위한 전략적 차원으로 볼 수 있다.

작품 ③도 추어탕 집에서 본 아주머니의 따배기와 어머니의 따배기를 알레고리로 연결한 작품이다. '따배기'라는 매개체는 두 여인의 신산스러운 삶을 상징하는 기표이다. 따배기는 신체와 대야의 사이에서 균형을 잡아주고 마찰을 방지한다. 아울러 이마의 땀을 훔치거나 얼굴을 가리는 용도로도 활용한다. 이 작은 수건 한 장에는 늘 땀내가 스며 있다. 이처럼 따배기가 함의한 기의記義들은 문맥의 흐름 안으로 들어와 그 의미가 한층 확산된다. 화자는 어머니의 따배기를 두고 "당신의 삶에서 따배기는 영원히 내려놓지 못하는 무엇"이라고 회상한다. 이 작품에서 따배기는 온몸으로 생이라는 밀림을 헤쳐 나온 여인을 상징한다.

수필작품은 작가의 개별적 개성이 드러나는 태도이면서 세계를 바라보고 해석하는 스타일을 보여주는 광장이다. 김용

삶의 시선과 태도는 관찰자와 기록자로서 충실하다. 나이든 자식이 어머니를 바라볼 때 자기 감정에 매몰되기 쉽다. 이런 점을 김용삼은 경계한다. 어머니의 삶을 포장하거나 과시하려는 욕망이 없기에 담백하다. 평생 자식이라는 등짐을 내려놓지 못한 어머니의 삶을 팽나무에, 따배기에, 속돌에 견주어 묘사하고 설명하고 진술한다. 이때 차용하는 전략적 기법이 사물을 가져와 어머니의 삶에 빗대는 방식이다. 어머니 화자 사이에 매개체를 배치하여 자아가 어머니에게 흡수되는 것을 방지하는 효과를 발휘한다. 이런 전략적 배치가 문학성을 높이는데 기여한다.

4. 세이렌의 노래

세이렌은 하늘을 날면서 아름다운 노래를 부르는 님프이다. 그의 노래는 너무 매혹적이라서 마법의 힘이 깃들어 있었다. 그의 노래를 들은 이는 스스로 바다에 뛰어들어 죽는다는 전설이 전해온다. 오디세우스가 세이레네스 섬을 지날 때 선원들이 세이렌의 노래를 듣지 못하게 밀랍으로 귀를 틀어막고 돛대에 몸을 밧줄로 묶었다. 그러나 귀를 막지 않은 오디세우스만이 혼자 세이렌의 노래를 듣고 마법에 걸려 바다에 뛰어들고 만다. 그리스 신화의 '세이레네스' 편에 따르면 진실을 들은 자들은 스스로 죽음의 바다에 몸을 던졌고, 호메로스의 '오디세우스'에 의하면 귀를 틀어막든지 사지를 묶은 자들은 살아남을 수 있었다고 한다.

'세이렌의 노래' 신화를 문학적으로 해석해 보면 재미있다. 세이렌의 노래가 도대체 무엇이길래 한번 들은 자들은 그 노래에 유혹되고, 종내는 스스로 바다에 몸을 던진단 말일까. 세이렌의 노래를 듣고자 하는 호기심을 가진 자들, 즉 현상 그 너머의 진실을 엿보고자 기웃거리는 자들이 문학가들이 아닐까. 세이렌의 노래를 제대로 들으려면 섬세한 귀, 열린 감수성을 소유해야 한다. 문학적 감수성은 타고난 기질이지만, 끊임없는 학습과 훈련을 통해 습득할 수도 있다. 선천적이든 후천적이든 체득된 감수성은 문체를 통해 발현한다.

시가 감성을 엮어낸다면, 산문은 스토리를 만든다. 수필은 이 두 가지를 융합한 서정과 서사의 결합체를 지향한다. 김용삼의 수필을 살펴보면 두 가지 측면에서 특별한 지점을 보여준다. 하나는 문학적 감수성이 넘실거리는 문체, 소설적 기법을 차용한 서사의 전개가 빼어나다. 수필에서 문학적 형상화란 사건이나 사물이 품고 있는 음영陰影을 포착하여 세밀하게 그리는 작업이다. 드러난 표면 그 너머에 숨은 본질 혹은 진실을 찾아나서는 고된 노역이다. 이 복잡한 세계의 이면을 탐색하려면 단순한 시선으로는 불가능하다. 세이렌의 노래를 들으려는 강렬한 호기심과 느낌의 감수성이 동반되어야 한다.

수필도 문학의 한 갈래라면, 수필가는 세이렌의 노래를 따라나선 이들이다. 시나 소설과 차별적인 지점은 수필은 '고백과 성찰'이라는 경로를 통과한다는 점이다. 이 고백과 성찰의 터널을 통과해야 비로소 세이렌의 노래를 희미하게나마 들을 수 있다. 자기를 수필의 광장에 내던진다는 것은 두껍게 쓰고 살았던 가면을 하나씩 벗어던진다는 것이다. 부끄러움을 넘어서는 용기와 세이렌의 노래를 듣겠다는 열망이 함께해야 가능한 일이다. 수필이 독자로부터 외면 받는 요인 중의 하나가 진정성의 결여라고 지적하는 이들이 많다. 김용삼은 스스로 가면을 벗어던지고 고백과 성찰의 바다에 뛰어든다.

① '엄마'라는 단어를 파자破字하면 음운이 모두 울림소리다.

엄마라 부를 때면, 삶에서 자신의 자리만 텅 비어 있는 그녀의 동공洞空을 자음과 모음들이 떠돌며 울어대는 것 같다. 껴입은 세월이 무색하게도 나는 아직 그녀, 모산댁의 부재를 견딜 자신이 없다. 그래서 나에게 엄마는 온통 울음이다.

- 〈속續 그녀 모산댁〉에서

② 나도 가정을 지키는 일에 하루살이처럼 매순간 죽을힘을 다한 줄 알았다. 식구들 구들장을 데우기 위해 쉼 없이 군불을 지폈노라고 변명도 했다. 하지만 결과는 젖은 불쏘시개만 꾸역꾸역 쑤셔 넣어 온 집안을 매캐한 연기로 가득 차게 만든 꼴이었다. 가족이라는 원초적인 관계에서, 마주보기 위한 노력 대신 단호한 뒷모습만 보여준 것이라 할까. 어쩌면 진심은 서로의 눈동자 속에 감춰져있음을 망각했던 것이다.

- 〈뒷모습〉에서

③ 그렇게 맞은 아버지와의 이별. 혼불이 트라우마가 된 것은 단 한번도 아버지의 삶을 진중하게 들여다보려 하지 않았다는 자책감 때문인지도 모른다. 그날 밤 부릅뜬 눈에서 당신의 뼈 아픈 회한을 읽지 못했던 나도 어느새 그때의 아버지만큼 세월

을 껴입었다. 아비로, 남편으로, 한 남자로 아버지의 아픔을 속속들이 체감할 나이가 되었건만, 이미 단 한마디 위로의 말도 건넬 수 없다는 사실이 가슴을 먹먹하게 만든다.

- 〈아버지의 혼불〉에서

작품 ①은 육신이 한계에 다다른 노모의 늙음과 예고된 죽음에 대한 회억回憶의 글이다. 화자가 어머니의 존재를 자각하게 된 계기는 두 가지이다. 어머니의 입원과 고향 방문이다. 초인적 인내심으로 허리 통증을 견디신 어머니에 대한 무심함을 반성한다. 그리고 어머니의 고향 모산 방문을 통해 어머니의 생애를 되돌아보게 된다. '어머니의 희생과 모성의 위대함'은 이미 화석화가 진행된 당위의 진리이다. 문제는 상투성을 넘어서는 표현 방식이다. 화자는 어머니가 짊어지고 살아온 고통의 무게를 어떻게 드러내는가. "이런 상태로 할머니께서는 여태 어떻게 살았대요?"라는 의사의 문책성 언술을 통해서, 모산에서 돌아오는 내내 침묵을 지키는 어머니의 태도를 통해 생의 진실에 한발 다가선다.

작품 ②는 자기성찰의 면모가 강하게 드러나는 작품이다. 온전히 가정을 지키지 못한 가장으로서의 자책, 젊은 날의 혈기로 "남의 뒷모습을 향해 내지른 함성에 대한 부끄러움"을 고백의 형식으로 성찰한다. 자기성찰의 계기는 일상에 짙은 그늘을 드리운 정체불명의 불안감이었다. 화자는 이 불안감의 원인을 찾아가면서 마치 고해성사를 보듯이 독자들 앞에 고백한다. 화자가 끝내 듣고자 한 세이렌의 노래는 '뒷모습이 아름다운 사람'이다. 수필 쓰기의 목표는 어떤 진리에 도달하는 것이 아니다. 미진한 한 존재가 고백과 성찰의 과정을 통해 보여주는 일종의 태도 혹은 몸짓이다. 화자가 보여주는 자기 고백의 절절함이 세이렌의 노래에 한발 다가간다.

　작품 ③은 아버지의 죽음을 맞은 화자가 아버지의 생애를 회상하는 작품이다. 이 작품을 통해 화자가 궁극에 도달하고자 한 세이렌의 노래는 평생 집안에서 맴돌며 무력하게 살다간 아버지의 삶을 이해하고, 그의 삶을 애도하는 것이다. 아버지의 죽음에 맞닥뜨린 화자는 "한 번도 아버지의 삶을 진중하게 들여다보려 하지 않았다는 자책감"을 느낀다. 역사의 수레바퀴에 치여 회한의 삶을 살다간 아버지를 이해하고, 아버지의 무능에 대한 원망을 용서와 화해로 전환한다. 화자가 선택한 방식은 텍스트(아버지의 죽음)와 콘텍스트(아버지가 살아온 역사적 시공간)과 상호소통하는 방식이다. 개별적 아버지의 삶을 역사적 시공간과 연결함으로써 마침내 용서와 화해의 광장에 도달한다.

수필은 삶의 구체적 현실에서 출발하여 삶의 일리一理, 즉 세이렌의 노래를 추구한다. 혹은 생의 여로에서 만나는 불가피한 운명에 대하여 조곤조곤 이야기한다. 김용삼은 가장의 무게를 짊어지고 몸이 부서지도록 헌신적 삶을 살았던 어머니. 자신의 의지와는 무관한 사상과 전쟁의 늪에 빠져 노동력을 상실한 채 무력한 생을 살다간 아버지의 일생은 김용삼 수필의 화두가 된다. 문학은 삶의 총체적 진실과 인간의 본질에 대하여 질문을 던지는 행위이다. 수필 쓰기를 통해 작가가 찾고자 했던 '세이렌의 노래'는 고백과 성찰의 과정을 통과하면서 희미하게나마 실체를 드러낸다. 요컨대 김용삼은 어머니와 아버지라는 큰 호수에 자신을 내던지고 깊은 심연으로 내려간다. 그 심연에서 길어 올린 말들이 절실하고 곡진하다. 그가 정말로 세이렌의 노래를 들었는지 못 들었는지는 알 수 없다.

5. 감수성에서 발현하는 개성적 문체

　문학은 언어 예술이다. 안타깝지만 언어는 '어긋남'을 운명처럼 타고났다. 어떤 상황을 언어화하는 순간, 그것의 본질은 어긋나고 만다. 언어는 단순한 기호체계가 아니라, 그 이상의 의미를 내포하고 있다. 경험론적 입장에서 보면 언어는 오직 기호sign의 변형일 뿐이지만, 형이상학적으로 보면 언어는 복잡한 하나의 어떤 체제이자 규범이다. 발화자의 존재론적 성격, 그 존재의 깊이, 사회적 함의까지 매우 복잡다단한 사회·역사적 가치체계를 품고 있다. 문제는 언어의 추상성과 관념성이다. 수학적 언어처럼 대상과 밀착하지 못하고 언어로 표현하는 순간 대상으로부터 이륙한다. 문제는 이륙의 높이다. 너무 높으면 안개 자욱한 산정으로 치달리고, 너무 낮으면 대상에 대한 각주 달기에 그친다. 대상과 최대한 가까이 가려는 인간의 의지가 낳은 산물이 수사학이다.

　문체文體는 작가의 스타일이다. 작가가 성장한 지역의 사투리와 유전적 기질, 그를 둘러싼 수많은 지점들이 총체적으로 발현하는 것이 문체이다. 또한, 문체는 문학적 자의식을 드러내는 통로이기도 하다. 김용삼의 문체는 깔끔하나 적절한 물기를 품고 있다. 비유컨대 해풍에 말린 딱딱한 건오징어가 아니라 말랑말랑한 피대기 오징어 같다. 부사어가 생략된 깔끔한 문장에는 서정적 감성이 곳곳에 매설되어 있다. 선이 굵은 남성적 근육질의 문체가 아니라 오히려 여성적 섬세함이 깔려 있다. 여성성과 남성성이 대치하는 지점이 아니라, 그 중간 어디쯤을 서성거린다. 이는 타고난 작가의 기질이면서 언어에 대한 감수성이다. 자기감정에 익사하는 서정의 과잉도 없고, 관념적으로 유영하는 곡예도 없다. 적절한 높이의 발화와 안정감 있는 문장이 강점이다.

수필이 뒤처지는 이유는 낡은 서정과 전통의 관념을 반복하기 때문이다. 이 벽을 뛰어넘으려면 민활한 감각과 풍부한 문장력을 갖추어야 한다. 상처 입은 영혼과 실존의 얼룩이 없는 작품, 관념적인 언어유희만 나열하는 작품은 독자에게 울림을 주지 못한다. 문제는 '나'의 진정성을 어떻게 드러내는가, 라는 것이다. 진정성은 마치 봄날 땅을 뚫고 올라오는 새싹이나 바람에 실려오는 민들레 홀씨처럼 단어와 단어의 배열에서 예상치 못한 감성을 촉발하는 데서 비롯된다. 이 배치의 기술이 문장력이다. 김용삼은 청년시절 소설에 탐닉한 영향으로 언어에 대한 감수성과 배치의 기술이 탁월하다.

　간간이 불어오는 바람이 아들의 대답인양, 할미꽃처럼 몸을 웅크린 모산댁은 바람 귀를 향해 조근조근 말을 이어간다.
- 〈그녀, 모산댁〉에서

　상대가 새벽강의 안개처럼 지그시 심상을 누르는 저음의 목청이면 나는 그에게 제압을 당하지 않기 위해 독 오른 가시로 대답할 수밖에 없었다.
- 〈난청〉에서

　해돋이부터 해넘이까지 쉴 틈 없이 호미를 놀리지만 솥단지는 늘 휑하고, 세상이 어수선할 때면 아무 잘못이 없어도 지레 뿌리가 흔들리는 고단한 목숨.
- 〈모산댁의 팽나무〉에서

　뿌연 수증기가 앞을 막는가 싶더니 비릿한 물내를 업은 열기가 전신을 덮쳐온다. 급작스럽게 느껴지는 안팎의 공기 차이에 잠시 숨이 막힌다. 세포 하나하나가 여섯 달 만의 해후에 화답을 하는 건지, 온몸에 파르르 전율마저 인다.

- 〈속돌〉에서

　화투는 부르면 안 될 아버지의 다른 이름이었고, 되뇌면 별안간 딸꾹질로 나타나는 기억의 통증이었기 때문이다.

- 〈화투의 꿈〉에서

　김용삼의 문체의 특징은 기존의 문장과는 다른 새로운 감각과 표현이라는 것이다. '내 마음은 호수요'처럼 이미 익숙한 비유는 낡은 수사학이라는 도장을 찍고 밀쳐둔 것이다. 한때 유행한 미문주의 수필은 서정적 감성의 포화상태를 지나 과잉으로 길을 잃어버릴 정도였다. 김용삼의 문체에도 눈물샘의 누수를 자극하는 감성이 흐르지만, 원초적 감정을 뛰어넘어 적절한 수위를 유지한다. 문제는 작가가 스스로의 생각이나 감정을 깊이 들여다보고, 그 감정이나 생각을 적실한 명사와 서술어, 형용사로 배치하는 기술이다. 작가들이 고민하는 창조적 표현이란 인식의 확장을 이끌고, 서정적 감성을 환기하는 문장에서 시작한다. 좋은 문장은 발뒤꿈치의 각질처럼 굳어진 감각을 두드려 균열을 내고, 독자를 상상의 세계로 끌어올려주는 역할을 수행한다. 김용삼의 작품이 주목받는 이유가 이전에는 없었던 최초이자 최후의 문장으로 새로운 감각체계를 보여주는 까닭이다.

문학이란 예술과 사상의 결합이며 현실의 흠을 덜어낸 결과로, 인간적인 모든 노력을 기울여 이루어야 하는 목표다. 그것이 동물적인 본성의 여분이 아니라 진정으로 인간적인 것에서 비롯된 노력인 한에서 그러하다(페르난두 페소아,《불안의 책》, 39쪽). 김용삼이 쓴 수필작품이 문학의 반열에 오른 이유는 '진정으로 인간적인 것에서 비롯된' 인간의 비애와 남루한 가족사의 상처를 솔직하게 드러내기 때문이다. 어머니가 자신 앞으로 밀려오는 파도를 내치지 않고 껴안을 수밖에 없었듯이, 어쩌면 작가에게 수필 쓰기란 '인간적인 모든 노력을 기울여' 어머니의 삶을 증언해야 한다는 책무감의 발로인지도 모른다.

김용삼은 타고난 감성의 소유자이다. 감수성을 타고난 이들은 세상과 부대끼면서 상처도 많은 법, 문학은 그 상처의 진물에서 발아한다. 운명처럼 껴안고 살아온 가족, 그로 인한 상처와 결핍도 문학을 통해서만 용서할 수 있고, 용서받을 수 있다. 작가는 어머니의 굴곡진 삶을 통해 막막한 삶을 견

며야 하는 인간의 운명과 생의 비애를 반추反芻한다. 어머니가 걸어온 발자국을 따라가다 보면 작가가 왜 그토록 어머니에 대하여 천착하는지 알 수 있다. 이 수필집은 온몸이 부서져라 자식들을 위해 헌신한 어머니의 삶을 기록하고, 그의 희생과 헌신 앞에 바치는 사모곡이다. 김용삼의 사모곡이 특별한 이유는 무얼까. 어머니의 생을 화려하게 감추거나 포장하지 않고 문학으로 승화한 작가의 역량이 뒷받침되었기 때문이다. 막막한 생의 불가피성을 온몸으로 밀고나간 어머니는 이미 최후의 승리자 자리로 옮겨갔다.